성령님, 나를 변화시켜 주세요

그리고 사용하여 주세요

커리 매비스 지음 / 홍성철 옮김

도서출판 세복

세계복음화문제연구소
(The World Evangelization Research Center)는
한국 교회가 세계 복음화를 위하여
한 모퉁이를 담당해야 된다는 사명으로
사역하고 있습니다.

주소: 서울시 중랑구 면목5동 149-6 한밀빌딩 301호
전화: 02)2209-5822   팩스: 02)2209-7288

성령님, 나를 변화시켜 주세요

지 은 이 커리 매비스
옮 긴 이 홍성철
발 행 인 홍성철
초판 1쇄 1999년 6월 10일
발 행 처 도서출판 세복
주   소 서울특별시 중랑구 면목5동 149-6 한밀빌딩 301호
         T. (02) 2209-5822   F. (02) 2209-7288
등록번호 제1-1800호 (1994년 10월 29일)
총 판 처 예영커뮤니케이션
         T. (02) 830-8566, F. (02) 830-8567
I S B N 89-86424-33-9

값 5,500원
ⓒ 도서출판 세 복 ■ 잘못 만들어진 책은 언제든지 교환해 드립니다.

성령님,
나를 변화시켜 주세요

그리고 사용하여 주세요

The Holy Spirit in the Christian Life

by

W. Curry Mavis

목   차

서   론

　오늘날 많은 그리스도인들은 성령이 그들의 생활에서 어떻게 도우시는 지를 무척 알고 싶어한다. 그들은 열두 제자들이 갈릴리에서 예수님의 사역을 아는 것만큼이나 성령의 역사를 아는 것이 중요하다고 믿는다. 그들은 그리스도인으로서 성령의 역사를 얼마나 잘 이해하고 있는가에 의해 그들의 생활 양식이 크게 좌우된다고 여긴다.

　오늘의 그리스도인들의 이런 질문에 호응하여, 본 저서는 믿는 자들에게 그들의 일상 생활에서 구체적으로 도우시는 성령의 특성을 더 많이 이해시키기 위하여 저술되었다. 본 저서는 인간의 생활에 나타난 성령의 능력을 다루는 성경의 가르침을 강조한다. 그뿐 아니라 본 저서는 성령의 도우심에 대한 인간의 반응에도 주목한다.

　필자는 그리스도인의 생활을 묘사하면서 신학적인 자료는 물론 심리학적인 자료도 참고하였는데; 우리의 생활에 미치는 성령의 영향과 능력을 다룰 때는 신학적인 자료를, 그리고 하나님의 영에 대한 우리의 반응을 논의할 때는 심리학적인 자료를 각각 참고하였다.

　제 1부에서 우리는 그리스도인의 생활 가운데 감성적(感性的) 측면에서 나타나는 성령의 영향에 대하여 살펴볼 것이다. 많은 그리스도인은 "부정적" 감정이 그들로 하여금 불신자처럼 행동하게 할 때 가장 심각한 개인적인 문제들이 표출(表出)된다는 사실을 경험한다. 그들은 감정의 삼 형제—분노, 죄의식, 염려—를 영적 생활의 파괴자로 간주한다. 그들은 이 문제에서 성령의 도우심을 깊이 인식하고 있는데, 그 이유는 종종 "지성은 침묵되고, 감성만이 그들의 본의 아닌 기능을 다하고" 있는 것처럼 여겨지기 때문이다. 그리스도인들은 종종 "우리는 이성의 사람이 아니라, 감성의

동물이다"라고 절규하는 정신나간 사람처럼 느끼고 있다. 한 발 더 나아가, 우리는 성령이 세 가지의 적극적인 감성—사랑, 평안, 기쁨—을 어떻게 강화시키는지도 살펴볼 것이다. 이런 감성들은 우리의 생활에서 지극히 기본적인 것인데, 그것들은 건설적이며 삶을 세워 준다.

제 2부에서 우리는 그리스도인의 경건 생활에서 나타나는 성령의 임재와 능력을 살펴볼 것이다. 믿는 자의 경건 생활은 중요하다. 그 이유는 경건 생활이야말로 영적 생활의 기초이자 지표(指標)이기 때문이다. 우리는 성령께 우리의 기도와 예배의 시간에 우리를 안내하고 도우실 수 있는 좋은 기회를 드리는 것이다. 왜냐하면 바로 그 때 우리는 성령의 임재에 반응할 수 있는 준비를 잘 하기 때문이다. 성령은 우리가 마음과 생각을 열고, 기도하며, 또 반응할 준비를 할 때 우리를 강하게 하신다.

본 저서의 제 3부에서, 우리는 우리의 삶과 일에서 어떻게 성령이 우리로 하여금 효과적인 기독교의 증인이 되게 하는가를 살펴볼 것이다. 성령은 우리의 개인적인 행위를 질적으로 변화시키며, 그리스도인으로서 봉사할 수 있도록 능력을 강화시켜 준다. 성령은 이런 일들을 그리스도인들의 내적 삶에서 깊이 임재하고 역사함으로 이루신다. 그분의 거룩한 임재는 의로운 삶과 효과적인 봉사를 위한 내적 기초가 된다.

성령의 임재는 우리의 생활에서 필수적인데, 그 이유는 성령이 우리로 하여금 그리스도를 위하여 역동적으로 살아갈 수 있게 하시기 때문이다. 우리가 그분의 임재를 소홀히 할 때 개인적으로 영적 퇴보가 시작된다. 성령의 떠받치는 능력이 없다면, 우리는 영적 실재에서 불모의 종교적 의식으로 전락하며, 그리고 나서는 공허한 종교적 역할로 타락한다.

성령의 역사는 넓고도 깊다. 성령은 우리의 생활 모든 영역으로 침투하시며, 모든 영역에서 힘을 주신다. 성령은 기독교의 진리 가운데로 우리를 인도하신다. 성령은 개인적으로 결단해야 할 때 우리를 인도하심으로 우리가 하나님의 뜻을 행할 수 있는 힘을 주신다. 성령은 시험의 때에 마귀의 궤계(詭計)를 이길 수 있도록 우리를 강건하게 하신다. 성령의 임재 때문에 우리는 무관심이라는 파괴적인 영향을 극복할 수 있는 영적 활력과 주도권을 갖게 된다. 성령의 내주(內住)는 어떤 환경에서도 굴하지 않고 다시 일어나게 하는 거룩한 열망을 부여한다. 성령이 주시는 은혜로 인하여 우리는 신성한 목적을 성취할 수 있다. 성령은 우리의 마음에서 죄라는 무거운 짐을 벗어버리게 하신다. 성령은 우리가 다른 사람들에게 증거할 수 있는 힘과 은사를 허락하신다. 성령은 우리로 하여금 그리스도인으로서 승리하며 살 수 있는 힘을 주신다.

제 1 부

성령은 우리의 감정 생활을 변화시키신다

1

성령은 우리의 분노를 도우신다

"쉽게 분노하는 성격이 나의 신앙 생활에서 가장 큰 문제입니다." 이것은 어느 진지한 성도가 그의 담임 목사의 조용한 서재에서 개인의 신앙 생활에 대하여 대화를 나누면서 목사에게 고백한 내용이었다. "나도 난처한 입장에서 영적으로 패배하지만 않는다면 승리하는 그리스도인이 될 수 있을 것입니다." 그 성도는 계속했다.

자극을 받을 때 분노하는 성격은 평신도에게만 있는 것이 아니다. 최근 그의 교단에서 가장 높은 지위에 오른 어느 목사가 한 친구에게 털어놓은 이야기에 따르면, 그의 신앙 생활에서 주된 개인의 문제가 바로 쉽게 분노와 증오심을 일으키는 기질(氣質)이었다는 것이다.

모든 그리스도인은 인간적 분노의 특성을 알아야 하며 또한 분노의 느낌이 지닌 도덕적이며 영적인 의미를 이해하여야 한다. 개인의 분노 문제에 대하여 포기한 그리스도인들도 제법 많은데, 그 이유는 분노란 인간의 본성(本性) 가운데 너무나 깊이 뿌리를 박고 있어서 그 분노를 억제하려고 노력하는 것 이외에는 아무 것도 할 수 없다고 믿기 때문이다. 이런 사람들은 이 문제에 대해서도 성령의 치료가 가능하다는 것을 알 필요가 있다.

바울은 증오의 마음을 "육에 속한 사람"의 일차적인 특성으로 간주하였다. 갈라디아서 5장 17절부터 21절에서 바울은 열다섯 가지나 되는 육체의 일을 구체적으로 거론하였는데, 그 가운데서 일곱 가지는 확실히 증오와 불화와 연관되어 있다: 원한, 분쟁, 시기, 분노, 당파, 분리 및 이단.

그러나, 바울은 분노의 느낌과 분노의 행위 사이에는 질적(質的)으로 영적, 도덕적 차이가 있다는 것을 인정하였다. 그는 에베소 교인들에게 이렇게 말했다, "분을 내어도 죄를 짓지 말라"(엡 4:26). 그리스도의 시대 몇 세기 전, 헬라어로 분노의 느낌을 표현하기 위하여 듀모스(thumos)라는 단어가 사용되었으며, 분노의 행위를 표현하기 위하여 오르게(orge)라는 단어가 사용되었다. 이러한 구분이 신약 성경의 헬라어에서는 이루어지지 않는다. 우리는 분노로 쓰여진 단어가 분노의 느낌인지 아니면 분노의 행위인지를 본문에서 분별할 수밖에 없다.

본 장에서 우리는 먼저 인간적 분노의 기본적 특성과 분노를 일으키는 몇 가지 요인들을 다루면서 분노의 느낌이라는 제목을 분석적으로 살펴볼 것이다. 다음으로, 우리는 성령이 어떻게 이 문제를 가지고 있는 우리를 돕기 원하시는지를 볼 것이다. 마지막으로, 우리는 영적 생활에서 분노를 건설적으로 사용할 수 있는 방법을 살펴볼 것이다.

인간적 분노의 특성

분노는 인간이 방해를 받거나, 위협을 당하거나, 상처를 받거나, 아니면 좌절감에 빠질 때 종종 일어나는 감성적인 반응이다. 분노는 네 가지 기본적인 요소로 이루어진다. 첫째, 불쾌감의 느낌이 있다. 둘째, 선(腺) 조직에서의 변화가 있다. 부신수질호르몬(noradrenalin)이 혈관으로 들어가면, 보다 높은 동맥, 보다 높은 혈압, 보다 높은 호흡 및 보다 낮은 소화 기능이 일어난다. 셋째, 외적인 몸의 변화, 곧 얼굴이 붉어지고, 목소리가 높아지며, 동공(瞳孔)이 팽창된다. 그리고 마지막으로, 우리를 좌절시키는 사람이나 대상을 이기고자 하는 공격적 충동이 일어난다.

좌절감은 분노의 일차적인 원인이다. 인간의 유기체(有機體)는 좌절감에 대하여 자동적으로 반응한다. 부신(副腎)의 선(adrenal glands)은 의지와 상관없이 분비물을 혈관으로 쏟아 부어서 분노와 공격의 느낌을 일으킨다. 어린애들은 옳고 그른 것을 구분할 수 있는 능력이 없기 때문에 그들의 손발을 자유롭게 움직일 수 없으면 흔히 분노한다. 그렇게 반응하는 그들의 행위는 좌절감을 맛볼 때 나타나는 어른의 행위의 모형(模型)이기도 하다.

다른 관점에서 볼 때, 인간의 인성(人性) 안에 있는 분노는 악을 극복하는데 사용되는 하나님이 주신 역량이다. 옛날에 살던 사람들은 분노를 사용하여 육체적 위기를 극복하였다. 예를 들면, 육식 동물로부터 위협을 당할 때, 인간의 유기체는 그 위협을 이겨내기 위하여 내적으로 최대한의 기력을 불러일으켜 활용하였다. 마찬가지로, 현대에도 분노를 건설적으로 사용할 때가 있다.

분노를 일으키는 요인들

두 말할 필요도 없이 어떤 사람에게는 분노가 가장 큰 문제일 수 있다. 이것은 그리스도인들 가운데서도 마찬가지이다. 이에 대한 몇 가지 이유가 있다.

그 중 하나는 쉽게 그리고 강도 높게 증오의 느낌과 행동을 일으키는 기질이다. 담즙질(choleric temperament)의 사람들은 빨리 그리고 심하게 분노하는 기질을 물려받았다. 그들은 좌절의 상황에 아주 예민해질 수 있으며, 따라서 선(腺) 활동이 그들을 분노하게 만든다. 반면, 다혈질(sanguine temperament)의 사람들은 그리스도인이 되기 전부터도 몸의 화학적 성분에 근거해서 분노의 문제를 거의 갖지 않는다. 그들은 유기체적으로 행복하고 낙천적 기질이 있기 때문에, 흔히 좌절의 상황을 분노하지 않고 지나쳐 버린다.

거듭 말하거니와, 유아기와 소년기의 경험은 종종 분노하는 성인을 만들어낸다. 만일 어린애들에게 좌절의 상황을 건설적으로 해결하는 방법을 가르쳐 주지 않는다면, 점증(漸增)되는 증오심으로 좌절감을 응시(凝視)하는 습관을 가지고 성장할 것이다. 어려서 화를 자주 내는 사람들은 십중 팔구 어른이 되어서도 계속적으로 고삐 풀린 분노를 드러낼 것이다. 자주 그리고 심하게 표출되는 감정은 인격적으로 감정적인 태도를 유발(誘發)시키는 찌꺼기로 남을 수 있다. 자주 표출되는 감정은 습관이 될 수 있다. 그뿐 아니라, 어렸을 때 그들이 하고 싶은 일들을 엄격하게 제지당한 사람들은, 특히 어렸을 때 그들의 분노가 억제되었다면, 종종 분노의 사람들이 된다.

또 다른 이유로서, 환경에 적응 못하는 사람들은 흔히 분노할 수 있는 농후한 기질을 갖는데, 그 이유는 좌절감을 수용하는 인내력이 낮기 때문이다. 적응이 잘 된 사람들은 보통 분노를 일으킬 수 있는 원인을 별로 갖고 있지 않으나, 적응이 잘 안 된 사람들은 개인적으로 위협을 느끼고 있는 세계에서 산다. 염려에 휩싸인 사람들은 항상 위기감을 느끼는데, 그 위기감 가운데 많은 것들은 그들의 상상에서 나온 것이다. 열등 의식에 짓눌린 사람들은 그들의 자존감(自尊感)이 위협받는 좌절감과 상황을 많이 만난다. 인격적으로 불안한 사람들은 불필요한 자기 방어를 하면서 심리적인 싸움을 많이 할 수도 있다.

마지막으로, 인생의 소명과 직업에 따라서 개인적으로 좌절을 겪는 상황도 무척 다르다. 무절제한 고등 학생을 가득 태운 학교 버스의 운전사는 도서관에 파묻혀서 연구에 골몰하는 학생보다는 두통거리가 더 많을 것이다. 그리고 신학교의 교수는 재잘거리는 중학교 학생을 가르치는 선생보다는 좌절감을 덜 경험할 것이다.

분노를 위한 성령의 치료

성령의 치료는 내적 생활을 부요(富饒)하게 그리고 튼튼하게 하는 성령의 역사를 따라 믿는 자의 마음과 생각에서 일어난다. 성령의 역사는 인생의 영적-심리적 영역에서 일어나지 결코 생리적 영역에서 일어나지 않는다. 성령은 성숙한 그리스도인들로 하여금 내적으로 영적 자원을 갖게 하며, 그 결과 그들은 어려운 상황에서도 깊은 패배와 좌절을 느끼지 않는다. 분노의 문제는 좌절감의 기회가 작아지면서 감소된다.

용서. 성령은 그리스도인으로 하여금 다른 사람들을 용서할 수 있도록 도와주심으로—그 자신도 하나님으로부터 용서를 받았기 때문이다—분노의 충동을 감소시켜 준다. 다른 사람들을 용서하지 않는 사람은 개인적인 원한과 분노가 넘치는 영적-심리적적 분위기 속에서 살게 된다.

"용서받은 자는 용서한다"는 명언(名言)은 그리스도인의 생활에서 변하지 않는 원리이며, 이것은 회심을 경험한 사람들의 경험에서 나타난다. 심리적으로 회심 이전에는 누구도 하나님으로부터 몸소 받지 못한 것을 다른 사람들에게 줄 수 있는 준비가 되어 있지 않는 법이다.

그러나 회심을 경험한 이후에는 누구나 모욕과 좌절을 당한 상황에서도 더 이상 무섭게 반격하지 않는다; 회심자는 용서를 경험하였기 때문에 용서한다. 많은 경우 그 자신이 경험한 용서로 인하여 그는 자신을 보다 깊이 이해하며, 따라서 다른 사람들도 이해하게 된다. 따라서 그는 다른 사람들을 용서할 수 있게 되는데, 그 이유는 다른 친구들을 해치는 사람들의 심리 상태를 알기 때문이다. 용서는 회심자에게 불공평을 다루는 새로운 방법이 된다. "원수"가 그에게 해로운 행동을 시작할 때, 그는 이해와 친절의 행동을 주도(主導)해야 된다는 것을 믿는다.

대인 관계에서 좌절로 인한 스트레스를 받을 때 시간의 문제는 중요하다. 예수님은 이렇게 말씀하셨다, "너를 송사하는 자와…급히 사화하라"(마 5:25). 이 말씀은 심리적으로 맞는 말인데, 그 이유는 대인 관계에서 좌절된 문제를 계속적으로 생각하면 거의 예외 없이 짜증이나 분노를 일으키기 때문이다. 바울은 마귀가 틈을 타지 못하도록 좌절감을 속히 해결하라고 강력하게 권고하였다. 그는 에베소의 성도들에게 좌절감에 대하여 생각하지 말라고 이렇게 권면했다, "...해가 지도록 분을 품지 말고 마귀로 틈을 타지 못하게 하라"(엡 4:26-27).

하나님이 우리의 모든 약점에도 불구하고 우리를 받아 주신 것처럼 성령은 우리도 다른 사람들의 약점을 수용하게 하심으로 그들을 용서하게 하신다. 우리도 역시 우리의 이익을 추구하면서 그리고 사려(思慮) 깊지 못한 언행으로 사람들에게 잘못한 것을 시인한다. 결국, 우리는 어떤 특권을 요구하는 대신 오히려 다른 사람들도 인간이라는 것을 기꺼이 받아들이게 된다.

그리스도인이 성령의 도우심을 받으면서 다른 사람들을 용서하는 행위야말로 우리의 마음에서 다른 사람들에 대한 원망, 비통(悲痛), 부정적 느낌 등을 제거시키는 일종의 영적 정화(淨化)이다. 만일 이런 감정들이 그리스도인의 삶에 남아 있다면, 그것들은 적대적인 충동의 씨가 된다. 깊이 용서할 때, 비통의 감정이 전혀 남아 있지 않게 되며, 따라서 우리는 우리에게 잘못을 범한 사람을 향하여 적대적인 감정을 갖지 않게 된다. 피상적인 용서는 십중팔구 마음 속 깊이 적대감이 남아 있게 하지만, 깊은 용서는 그런 감정을 말끔히 씻어버린다.

실제적인 자아상(self-image). 성령은 우리로 하여금 우리 자신에 대하여 근본적으로 정확하면서도 겸손한 견해를 갖게 함으로 적대적인 충동으로부터 우리를 해방시켜 주신다. 바울은 이것을 신자 안에 있는 하나님의 임재를 근거로 한 생활의 불변 법칙으로 간주하였다. "내게 주신 은혜로 말미암아 너희 중 각 사람에게 말하노니 마땅히 생각할 그 이상의 생각을

품지 말고, 오직 하나님께서 각 사람에게 나눠 주신 믿음의 분량대로 지혜롭게 생각하라"(롬 12:3). 자신을 높이는 것, 곧 교만은 항상 좌절감을 일으키는 원인이다. 인간의 행동을 날카롭게 관찰한 초서(Chaucer)는 교만이 "분노의 일반적인 뿌리이다"라고 언급하였다.

자신을 높이려고 부단히 애쓰는 사람은 분노를 일으키는 경우를 많이 당하게 된다. 그는 다른 사람들과 쓸데없이 경쟁을 벌이면서, 지나치게 야망에 찬 목표들을 이루려고 한다. 그가 좌절될 때, 그의 선(腺)들은 더 많은 부신수질호르몬을 혈관으로 쏟아 넣으며, 그의 유기체는 저절로 방어 체제로 돌변한다. 그러나 자신을 겸손하게 그리고 실제적으로 보게 되면 유기체 편에서 그런 준비를 해야 할 경우를 감소시킨다.

자아상의 문제는 경쟁적인 사회—사회적 인정과 직업적 성공이 대부분 각 개인의 자질에 달린 그런 사회—에서는 특히 어렵다. 그러므로 사람마다 사회적으로는 매력적으로 그리고 직업적으로는 우수하게 보여야 할 필요를 갖게 된다. 사람들은 이러한 관점에서 자신의 상(像)을 세우려고 한다. 다시 말해서 지나치게 높은 자아상을 가진 사람은 심리적으로 그리고 영적으로 위협을 받는다.

하나님의 영은 그리스도인으로 하여금 근본적으로 참된 자아상을 갖도록 도와 주신다. 성숙한 그리스도인은 자신을 갈수록 객관적으로 보게 되면서, 자기의 약점을 보다 분명히 본다. 그는 카렌 호니(Karen Horney)가 일컫는 "교만 체제"(pride system)를 포기하며, 따라서 그의 자율 신경계는 갈수록 방어적인 자세를 갖지 않게 된다.

영적 힘. 성령은 우리에게 영적 충족감과 힘을 주심으로 우리로 하여금 좌절감을 대처할 수 있게 해 주신다. 좌절감을 다룰 수 있는 우리의 능력은 주로 우리에게 주어진 힘을 얼마나 의지하느냐에 달려 있다. 우리가 상황을 통제하지 못하고 있다고 느낄 때 우리는 십중팔구 불안하게 된다. 깊은 열등감을 가지고 있는 사람들은 이런 점에서 매우 어려운 상황을 맞는데, 그 이유는 삶의 많은 상황을 대처할 수 없다고 느끼기 때문이며 또한 좌절에 대한 내구력(耐久力)이 낮기 때문이다. 알프레드 애들러(Alfred Adler)는 이렇게까지 언급하였다, "우리는 고약한 성질을 열등 의식의 증거라고 해석해야 한다."

바울은 매우 좌절할 수밖에 없는 상황에서도 평온을 유지하였다. 성령이 주시는 힘 때문에 그는 위협과 비난과 위험 중에도 "기뻐할 수" 있었다. "내게 이르시기를 내 은혜가 네게 족하도다. 이는 내 능력이 약한 데서 온전하여 짐이라." 바울은 주님의 음성에 이렇게 응답하였다, "이러므로 도리어 크게 기뻐함으로 나의 여러 약한 것들에 대하여 자랑하리니, 이는 그리스도의 능력으로 내게 머물게 하려 함이라. 그러므로 내가 그리스도를 위하여 약한 것들과 능욕과 궁핍과 핍박과 곤란을 기뻐하노니 이는 내가 약할 그 때에 곧 강함이니라"(고후 12:9-10). 그가 경험하고 있는 궁핍과 핍박을 언급하면서 바울은 이렇게 말했다, "내게 능력 주시는 자 안에서 내가 모든 것을 할 수 있느니라"(빌 4:13).

이것이야말로 그리스도인의 생활의 기적이라 아니 할 수 없다! 성령은 좌절감의 상황에서도 우리로 하여금 분노 대신에 기쁨을 갖게 하신다. 하나님이 주시는 힘은 어려운 상황을 도전으로 받아들이면서 그 상황을 대면할 수 있는 새로운 활기를 우리에게 준다.

진정한 사랑. 바울은 분노에 대한 최선의 치료가 사랑이라고 단언하는데, 그 이유는 사랑이 분노하고자 하는 충동의 뿌리를 자르기 때문이다. "사랑은 오래 참고, 사랑은 온유하며, 투기하는 자가 되지 아니하며, 사랑은 자랑하지 아니하며, 교만하지 아니하며, 무례히 행치 아니하며, 자기의

유익을 구치 아니하며, 성내지 아니하며, 악한 것을 생각지 아니하며, 불의를 기뻐하지 아니하며, 진리와 함께 기뻐하고, 모든 것을 참으며, 모든 것을 믿으며, 모든 것을 바라며, 모든 것을 견디느니라"(고전 13:4-7). 바울의 표현에는 분노의 충동과 직접적으로 연관된 다섯 가지 현저한 사랑의 요소가 있다.

"사랑은 오래 참고"(4절). "참는다"의 의미로 쓰여진 신약 성경의 단어는 근본적으로 "도발당하고도 화를 내지 않는다"의 뜻이다. 뿐만 아니라 그 단어는 다른 사람들의 공격과 상해(傷害)를 견디며 오랫동안 고통당하면서도 말로나 행동으로 보복하기를 꺼려한다는 것을 의미한다. 분노를 피하기 위하여 인내가 매우 필요한데, 그 이유인즉 대부분의 분노가 인생의 두통거리를 대응할 만한 내적 능력의 부족에서 생기기 때문이다.

"사랑은...자랑하지 아니하며, 교만하지 아니하며, 무례히 행치 아니하며"(4-5절). 사랑은 우리 자신을 자랑하거나 방어하지 않음으로 많은 분노의 충동을 없애 준다; 사랑은 우리로 하여금 다른 사람들 위에 있다는 느낌을 갖지 않게 한다.

"사랑은 자기의 유익을 구치 아니하며"(5절). 사랑은 분노를 일으키는 많은 좌절감을 제거하는데, 사랑은 우리가 처한 상황에 대하여 열린 마음과 편안한 자세를 갖도록 도와 주기 때문이다. 사랑이 주는 자발성(自發性)과 창조성 때문에 우리는 전통적으로 상투적인 방법과 엄격한 모형에서 자유롭게 되며, 우리로 하여금 좌절감과 거부감을 느끼지 않으면서도 다른 사람들이 원하는 방법으로 사물을 처리할 수 있게 한다.

사랑은 "성내지 아니하며"(5절). 사랑은 분노에 대한 효과적인 치료인데, 그것은 사랑이 두통거리를 수용하는 관용을 증가시키기 때문이다. 하나님과 다른 사람에 대한 사랑은 우리로 하여금 우리 자신의 변덕에 보다 관용하게 만들어 다른 사람도 우리를 잘 받아들이게 된다. 그뿐 아니라,

사랑은 원한을 제거시킨다; 사랑은 우리가 당한 억울한 일들을 기억하지 않게 한다.

사랑은 "모든 것을 믿으며...모든 것을 바라며"(7절). 사랑은 억누를 수 없는 낙관적인 낙천주의적 자세—모든 것이 좋다는 자세—를 통하여 생기는 내적 강인(强忍)을 부여하지 않는다. 그 대신 사랑은 믿음과 소망을 통하여 용기를 부여한다. 사랑은 우리를 강하게 만드는데, 그것은 사랑은 "모든 것을 믿으며...모든 것을 바라기" 때문이다(7절). 사랑은 우리의 눈을 복잡한 현재를 넘어 먼 거리의 경치를 보게 하는데, 그렇게 할 때 하나님의 은혜로 현재의 난처한 문제들의 해결점을 찾게 된다.

우리가 자신을 사랑하듯 다른 사람을 사랑하는 것이 자기 방어적인 분노에 대한 좋은 치료이다. 우리가 다른 사람들을 순수하게 사랑할 때, 그들도 여러 가지의 장점과 약점을 가지고 있는 독특한 인격을 지녔다는 것을 인식하게 되며 또 그 사실을 기억하게 된다. 18세기의 그리스도인 의사인 존 러티(John Rutty)는 그의 일기에 다음과 같은 것을 기록하였다: "하인 때문에 괴로웠으나, 분노가 일어나지 않기를 바랄 뿐이다. 왜 내가 다른 사람들의 작은 실수 때문에 평온을 잃겠는가."

분노의 적극적 활용

인간의 분노 그 자체는 악하지 않은데, 그 이유는 분노가 의롭게 사용될 수도 있고 불의하게 사용될 수도 있기 때문이다. 누군가가 이렇게 말한 적이 있다. "분노는 영혼의 뼈대이다; 분노가 부족한 사람은 못쓰게 된 생각을 지닌 것이다." 분노는 창조적이고도 구속적(救贖的)인 용도를 지닌다.

분노를 창조적으로 사용하라. 그리스도인들은 분노하면 흔히 수치감을 갖게 되며, 혼란된 느낌을 부인하며 억제하는 강한 성향(性向)을 갖게 된

다. 분노의 느낌을 창조적으로 다루는 첫째 단계는 그런 느낌을 인정하는 것이다. 이 단계는 피할 수 없다; 분노라는 느낌의 부인과 억제는 결국 죄의식과 염려로, 자존감(自尊感)의 상실로, 그리고 마침내는 성장하지 못하는 심성(心性)으로 인도된다. 그러나 분노의 느낌을 시인하기 위하여 우리는 하나님의 도움을 받아야 한다.

다시 말하거니와, 성령은 우리를 도와서 분노의 느낌을 창조적이거나 아주 건설적이게 하시는데, 분노를 통하여 생성(生成)된 죄의식을 활용하여 우리로 하여금 보다 큰 자기 통찰을 갖게 하신다. 우리 자신을 깊이 들여다 볼 때 분노에 대한 여러 가지의 구체적인 원인을 찾을 수 있다. 예를 들면, 분노의 느낌은 우리의 미성숙에서 생긴 것을 볼 수 있을 것이다. 우리는 우리를 간섭하는 모든 것에 대해 언제든지 반항하는 응석받이 어린애와 같은 우리 자신을 보게 될 것이다. 다시 예를 들어 보면, 우리의 열등감은 좌절감을 갖게 할 수 있으며, 지나치게 높은 자만감은 자신에 대한 망상을 적극적으로 방어할 수 있게 한다. 이런 자신을 점증적으로 자각하게 되면 우리는 보다 지혜롭게 기도하게 된다.

그뿐 아니라, 하나님의 영은 우리로 하여금 우리가 살고 있는 환경을 살펴봄으로 가능한 한 많은 좌절의 상황을 발견하고 제거하게 하신다. 예를 들면, 시계를 일찍 맞추어 놓음으로 아침에 서두르거나 직장에 지각하게 되는 좌절감을 피할 수 있다.

더욱 중요한 것은, 성령은 대인 관계에서 생기는 두통거리나 좌절감을 감소시키도록 도우신다. 성령은 우리를 괴롭히는 사람들을 더 잘 이해할 수 있게 하신다—만일 우리가 그들을 더욱 철저하게 알려는 노력만 기울인다면 말이다. "괴롭히는 사람들"도 그들이 왜 그렇게 행동하고 반응하는지를 이해하게 되면 종종 기분 좋은 사람들이 된다.

분노를 구속적으로 사용하라. 예수님은 당신의 거룩한 인격에서 하나님의 의로운 분노를 잘 드러내셨으며, 아울러 분노를 구속적으로 사용하셨다. 바리새인들이 어려움을 당하는 사람들에 대하여 사랑은 별로 보이지 않으면서 안식일만 엄격하고도 율법적으로 지키려 하자, 예수님은 "저희 마음의 완악함을 근심하사 노하심으로 저희를 둘러 보셨다"(막 3:5). 제자들이 어린애들의 가치에 대하여 너무나 무지한 나머지 어린애들을 예수님께 데리고 온 부모들을 꾸짖자, "예수님은 분히 여기셨다"(막 10:14).

분노는 냉담(冷淡)과 냉정을 극복하게 할 수도 있다. 분노를 통하여 의에 대하여 나타내는 열정적인 관심은 도덕적으로 느슨한 사람들에게 적극적인 증거가 될 수 있다. 뿐만 아니라, 분노는 악의 장벽을 뛰어넘게 하는 추진력으로 나타날 수도 있다. 마틴 루터(Martin Luther)는 이렇게 말했다, "나는 분노에 의하여 고취(鼓吹)될 때만큼 일을 잘 할 때는 없다. 분노하면 나는 저술과 기도와 설교를 잘 할 수 있는데, 그 이유는 나의 온 기질이 살아나고, 이해력은 날카로워지고, 모든 세상적인 분통과 유혹이 떠나가기 때문이다."

하나님은 당신의 뜻을 이 세상에서 이루시기 위하여 크게 분노할 수 있는 사람들을 필요로 하실 때도 없지 않아 있다. 루터가 바로 그런 사람이었다. 다혈질의 사람은 누구도 종교 개혁을 이룰 수 없었다. 에라스무스(Erasmus)는 십중팔구 로마 교회의 개혁의 필요성을 루터보다도 훨씬 예리하게 보았을 것이다. 그러나 그는 기질이 다혈질이었으므로 저 엄청난 악에 대하여 반항하지 못하고, 『어리석은 행동을 통한 찬양에서』(In Praise of Folly)를 저술하였는데, 그 저서에서 그는 교회 상부층의 어리석음을 풍자하고 비난하였다. 그러나 루터는 담즙질로서 성령의 인도를 받았기 때문에 의를 위하여 제반 악을 공격하였던 것이다.

그러나, 모든 그리스도인은 자아를 옹호하는 분노를 의로운 것으로 정당화하지 않도록 주의할 필요가 있다. 왜냐하면 죄의 분노와 의로운 의분을 구분하기란 어렵기 때문이다. 존 웨슬리(John Wesley)는 성령의 도우심이 없으면 그런 구분을 하기가 어렵다고 믿었다. 웨슬리는 여성 조모임 지도자인 베니스(Bennis) 부인에게 이런 편지를 보낸 적이 있었다, "죄가 되지 않는 분노, 곧 종종 많은 소동을 일으키는 죄에 대한 혐오감이 있습니다; 그리고 하늘의 빛이 없다면 이런 분노와 죄의 분노를 구분할 수 있을지 모르겠습니다."[1]

결   론

성령은 우리 안에서 분노의 문제를 깊이 해결하신다. 성령의 정화(淨化)는 즉각적이면서 동시에 점진적이다. 예를 들면, 감리교 초기의 회심자인 퍼거슨(W. Ferguson)은 깊은 내적 변화를 위하여 그리스도를 신뢰하였으며 "즉시...나는 모든 분노와 원한이 나의 마음에서 제거되는 것을 느꼈습니다. 나의 교만은 없어졌습니다...나는 세상에 대하여, 세상의 모든 명예와 이익에 대하여, 그리고 세상의 모든 쾌락과 안위에 대하여 십자가에 못박혔습니다."[2] 퍼거슨의 언어는 현대의 많은 독자에게는 과장된 것으로 들릴지 모르나, 영적 정화의 원리는 확실한 근거가 있다; 그것은 그리스도인의 믿음에 대한 하나님의 반응이다.

성령은 점진적으로도 깨끗하게 하신다. 성령은 우리 자신을 깊이 이해할 수 있도록 인도하시며, 동시에 당신의 부요한 은혜를 보다 완전하게 깨닫게 하신다. 성령은 우리 안에서 우리의 생활에 대하여 불만감을 일으키시며, 동시에 우리의 영적 생활의 구체적인 진보를 위하여 그분을 의지

---

1 *The Letters of the Rev. John Wesley*, ed. John Telford, 8 vols. (London: Epworth, 1931), 5:243.
2 *The Armenian Magazine* 5 (1793): 348.

하게 하신다. 성도는 하나님의 영이 내적 삶에서 계속적으로 역사하시면서 만들어진다.

담즙질이면서 충동적인 베드로는 오순절에 깊은 영적 정화를 경험하였으며(행 15:8-9), 결국 그리스도인들이 핍박을 받던 시기에 큰 인내를 가진 사람이 되었던 것이다. 그는 마침내 그리스도의 본보기를 따를 수 있기까지에 이르렀던 것이다: "욕을 받으시되 대신 욕하지 아니하시고, 고난을 받으시되 위협하지 아니하시고, 오직 공의로 심판하시는 자에게 부탁하셨느니라"(벧전 2:18-25). 이 말씀을 기록한 성숙한 사도는 겟세마네 동산에서 예수님이 잡히시던 밤 말고의 귀를 벤 그런 사람은 아니었다.

토의를 위한 질문

1. 분노의 동의어는 여러 개가 있다. 그것들—분노, 격노, 의분, 증오, 진노, 격앙—의 기본적 의미는 무엇인가?

2. 어네스트 리건(Ernest M. Ligon)은 세 가지 정황에서 인간이 분노할 수 있다고 언급하였다: (1) "방해된 행동"(좌절감)—우리가 하고 싶은 일을 하지 못할 때, (2) "상처받은 허영"—우리가 생각하는 것만큼 다른 사람들이 우리를 평가해 주지 않을 때, (3) "우리 자신과 우리의 친구들에게 주어진 불의."3) 이 이외에도 인간의 분노를 일으키는 상황이 있는가? 있다면 어떤 상황인가?

3. 당신은 좌절감이 분노의 심리적 근거가 되는 것처럼 위험이 두려움의 심리적 근거가 된다고 믿는가?

4. 당신은 당신을 좌절시키는 사람을 공격하고 싶은 느낌이 보통 분노에 근거한다고 믿는가? 이런 요소가 종종 사람을 죄짓게 하는가?

5. 당신은 불안하거나 열등 의식을 가진 사람이 안전하고 근본적으로 만족하는 사람보다 더 분노하기 쉽다고 믿는가?

6. 성경은 분노의 하나님을 묘사한다. 하나님이 진노하시는 상황은 어떤 것인가? 다음을 상고해 보라: 출애굽기 4:10-17; 민수기 11:11; 사사기 2:12-14; 열왕기상 14:15; 이사야 1:4.

7. 복음서는 제자들이 도망가고, 로마 군인들이 고문하고, 마침내 십자가에 못 박힐 때 예수님은 조금도 분노하지 않으셨다고 암시한다. 이런 사실은 그분을 따르는 자들에게 무엇을 가르치는가?

8. 그리스도인은 무기력한 사람들에게 불의가 이루어지는 것을 볼 때 분

---

3 *The Psychology of Christian Personality* (New York: Macmillan, 1935), p. 269.

노를 느껴야 되는가? 자신에게 불의가 행해질 때 의롭게 분노해야 되는가?

9. 오늘의 그리스도인들이 의롭게 분노할 수 있는 상황은 어떤 것인가?

10. 불의를 인내와 평온을 가지고 참는 그리스도인의 전도는 어떤 가치가 있는가?

11. 당신은 어른이 되어서 분노하는 근거가 종종 유아기에서 찾아질 수 있다고 믿는가? 자녀가 분노하면 부모가 할 수 있는 것은 어떤 것들이 있는가?

12. 야고보가 "사람의 성내는 것이 하나님의 의를 이루지 못함이니라"고 한 것은 무슨 의미인가? 야고보서 1:19-21을 보라.

2

성령은 우리의 죄책감을 해결하신다

인간은 죄에 대해 계속적으로 염려하고 있다. 인류의 역사를 통하여 인간은 죄책감을 달래기 위한 노력으로 계속적으로 제단을 세웠고, 성전을 건축하였으며, 제사장을 임명하고, 제사 제도를 개발하였다. 죄책감의 문제는 오늘날에도 여전히 남아 있으며, 또 인간은 죄를 "다루기" 위하여 계속해서 제단과 성전을 세운다. 세상의 모든 문제는 다음의 두 가지로 요약될 수 있다고 전해진다: 첫째 죄의 존재, 둘째 죄의 능력과 부패로부터 해방.

억압된 죄책감은 불합리한 두려움과 염려의 원천이 된다. 윌리엄 워즈워스(William Wordsworth)가 말한 것과 같다: "죄를 범하는 육체로부터 많은 영적 두려움과 악한 생각이 발생한다." 억압된 죄책감은 다음과 같은 부정적인 특성을 일구어낸다: 분노, 반항, 양심의 마비, 자신의 허물을 인지(認知)하지 못하는 무기력, 점증하는 공격적 성품의 지배. 죄책감은 한 때 확신에 찼던 사람들을 겁쟁이로 만든다. 억압된 죄책감은 용기 있는 자들을 위협하고 강한 자들을 약하게 만든다.

성령은 인간이 가장 심각한 어려움에 처해 있을 때 그를 만나서 죄책감을 해결하도록 도우신다. 우리는 우리의 개인적인 죄책감을 해결하기 위하여 성령의 도우심을 필요로 하는데, 그것은 우리가 스스로를 의롭게 만들 수 없기 때문이다. 심리 요법은 한 가지 치유 방법이긴 하지만 사람들의 죄를 절대로 제거시키지는 못한다; 하나님만이 그렇게 하실 수 있다.

성령은 믿는 자들에게 "경험된 용서"의 감정을 주시며, 이것을 제외하고는
어느 것도 창조주와 의로운 관계를 갖고자 하는 인간의 내적 욕구를 채워
줄 수 없다.

성령은 죄책감을 제거한다

죄책감은 우리가 개인적으로 수용한 윤리적이거나 종교적인 어떤 원리
를 범했거나 어긴 사실을 시인하는 정신적-감성적 상태이다. 죄책감은 사
람이 하나님께나 다른 사람에게 죄를 지었을 때 당연히 일어난다. 죄책감
을 인하여 우리는 우리가 행한 잘못을 보게 되며 또한 그 잘못에 대해 후회
하고 슬퍼한다. 죄책감은 당연히 개인적인 수치감, 도덕적 또는 영적 열등
감, 무가치감, 불안감 등으로 얼룩지게 한다.

뿐만 아니라, 죄책감은 실존적 심리학자들이 지적한 것처럼, 우리가 스
스로를 (하나님의 은혜로) 도덕적이고 영적인 사람으로 승화(昇華)시키
지 못했다고 자각(自覺)할 때 생긴다. 이런 형태의 죄책감은 우리가 행한
것이 아니라 우리의 실존에 대한 인식 때문에 주로 일어난다. 죄책감은
우리가 열등한 상태에 있는 도덕적이고 영적인 자아를 볼 때 느끼는 후회
와 슬픔이다.

성령은 사람들의 마음에서 죄책감을 일으키는데, 죄책감은 개인의 구속
에서 없어서는 안 되는 것이다. 우리는 우리의 죄를 보고 또 유념(留念)하
지 않으면 죄로부터 구원받을 수 없다. 하나님조차도 영적으로 무관심한
자들을 구원하실 수 없다; 도덕적으로 무관심한 사람은 당연히 하나님의
나라에 들어갈 수 없다. 예수님의 말씀처럼, 성령이 "죄에 대하여, 의에
대하여, 심판에 대하여" 그들을 책망함으로 사람들이 인격적으로 새로운
삶으로 들어갈 수 있도록 준비시키신다(요 16:8). 소렌 키에르케고르
(Soren Kierkegaard)는 다음과 같이 기록하였다. "그리스도인이 된다

는 것은 스스로를 죄인으로 볼 뿐 아니라, 그리스도인이 되고자 하는 욕구를 가지고 있어야 하는데, 그 이유는 그 밖의 어떤 다른 이유도 정신 착란이며 큰 불신의 죄이기 때문이다."1) 그는 죄책감에 대한 강조가 없을 때, 기독교는 감상에 불과하다고 말했다.

성령은 죄책감을 일으키며 동시에 해결하기도 하신다. 18세기에 회심을 경험한 토마스 월쉬(Thomas Walsh)는 성령 하나님이 그로 하여금 그리스도를 의지하도록 권유하시기 전에 상당히 오랫동안 깊은 죄책감을 경험하다 마침내 하나님의 영의 설득으로 그리스도를 신뢰하였다: "그분(성령)은 내 영혼에 하나님을 향한 진지한 열망을 불붙이셨다. 내 마음이 부드러워지기 시작했다. 나의 마음이 율법으로 깨어지고 하나님의 진노로 불살라진 후 뜨겁게 녹기 시작하였다: 그리고 나서 나의 마음은 조금씩 위로와 격려를 받기 시작하였다....빛이 내 마음에서 싹트기 시작했다: 나는 마침내 나의 죄 뿐 아니라 동시에 완전한 그리스도와 그분의 구속을 보았다....하나님이 나의 불의에 긍휼을 베푸시고 당신의 이름을 위하여 나의 모든 죄를 도말(塗抹)하시리라는 강한 소망을 가지게 되었다. 말하자면, 나는 내 앞에 펼쳐진 약속과 용서를 볼 수 있었다. 비록 그것들을 아직은 붙잡지 못했지만 말이다....그리스도를 향하여 훨씬 더 열렬한 열망이 내 영혼에서 불탔다....그리고...화창한 날이 비추어 오기 시작하면서, '긍휼에 풍성하신' 주님이 나를 구원하셨던 것이다."2)

성령은 영적으로 근심하는 사람들로 하여금 죄책감에서 해방되며 용서의 확신을 부여하는 의미 있는 경험을 갖게 하신다. 이런 경험의 첫 번째 요소가 바로 회개이다.

---

1 Reider Thomte, *Kierkegaard's Philosophy of Religion* (Princeton: Princeton University, 1948), p. 163.
2 Thomas Jackson, The Lives of Early Methodist Preachers, 3rd ed., 6 vols. (London: Wesleyan Conference, 1872), 3:57-59.

성령은 죄에 대한 우리의 사고(思考)를 바꾸도록 도우신다. 성령은 우리로 하여금 우리의 생활에서 도덕적으로 불만스러운 경험들을 재고(再考)하게 할 뿐 아니라 정신적으로 해방될 수 있게 하신다. 성령은 우리의 사고를 과거로 돌이켜서 우리의 행동의 참 본질을 볼 수 있는 빛을 주신다. 우리가 그러한 개인의 행동을 세월이 지나서 바라볼 때, 우리의 관점은 그런 행동을 저지를 때보다 더 객관적이며, 우리의 행동을 하나님 말씀의 진리에 의하여 평가할 수 있게 된다. 그런 순간 성령은 우리로 하여금 우리의 잘못에 대하여 슬퍼하게 할 뿐 아니라 개인적으로 변명하지 않도록 도우신다. 그렇게 되면 우리는 도덕적이고 영적인 실패 내지 회개에 대하여 마음을 바꾸게 된다. 성령의 임재가 없으면 우리는 죄를 미워하지 않고 도리어 죄를 품으며, 우리의 잘못을 부인하며, 다른 사람들에게 그 잘못을 반영시키며, 억압하고 숨기며, 그 잘못을 합리화(合理化)하는 경향이 있다; 우리는 우리의 죄에 대한 개인적인 책임을 부인하면서, 그 대신 지식의 부족, 본능적인 충동, 환경 내지 마귀에게 책임을 돌림으로 죄책감을 해결하려고 한다.

회개는 자신에 대하여 새롭게 마음을 열게 하는데, 그렇게 할 때만이 죄책감에서 해방될 수 있다. 그러면 우리의 안목이 깨끗해지며, 자아 은닉(隱匿)이라는 그림자 때문에 생긴 일그러짐이 제거된다. 그것은 마치 단단하게 닫혀진 오래된 집의 현관문과 덧문이 갑자기 열리는 것과 같다. 빛과 신선한 공기가 열려진 집을 채우는 것처럼 새로운 통찰력과 태도가 열려진 인격을 채운다. 회개하는 자는 보다 분명하게 자신의 내적 삶을 보게 된다; 그는 더 이상 죄책감이라는 그림자 속에서 더듬을 필요가 없다. 내적 자아는 죄책감으로 팽배해진 대기(大氣) 대신에 신선한 공기를 들이마신다.

회개를 통하여 생긴 자아에 대한 통찰력은 심리 치료에서는 물론 영적 치료에서도 중요하다. 십중팔구 모든 사람은 자신을 있는 그대로 보고 또 *잠재적인* 자신이 *실제*로 이루어지고자 하는 깊은 바람을 가지고 있다. 칼 로저스(Carl R. Rogers)는 모든 사람을 위한 핵심적인 질문은 다음과 같다고 믿는다: "나는 *정말* 누구인가? 겉으로 드러난 모든 행동 이면에 있는 실제의 자아를 어떻게 만날 수 있을까? 나는 어떻게 나 자신이 될 수 있을까?"[3] 동시에, 인간은 착하고 강하게 보이기를 심히 바란다. 알베르 까뮤(Albert Camus)는 다음과 같이 기록하였다, "우리 각자는 어떤 대가와 희생을 치르더라도 무죄로 판명되기를 원한다. 그렇게 할 수만 있으면 그는 모든 인간과 하늘을 비난하면서까지 원한다."[4]

성령은 우리가 회개할 때, 우리 자신을 있는 그대로 받아들이게 한다. 우리는 더 이상 선하다는 주장도 하지 않으며 하나님 앞에서 우리 자신을 변명하지도 않는다. 왜냐하면 하나님이 우리 마음의 의중(意中)을 아시기 때문이다. 우리의 죄를 부인하면 하나님이 우리를 거짓말쟁이로 보실 것을 두려워한다. 성령의 임재를 알면 우리는 도덕적으로 영적으로 정직하게 된다.

성령은 우리의 죄를 시인할 수 있도록 도와 주신다. 예수님의 탕자의 비유는 죄책감이라는 "먼 나라"에서 하나님께 돌아오는 장면을 묘사한다. 탕자는 아버지에게 이렇게 자신의 죄를 고백했다, "내가 (하늘과) 아버지께 죄를 얻었사오니 지금부터는 아버지의 아들이라 일컬음을 감당치 못하겠나이다"(눅 15:21). 아버지는 아들의 고백을 받아들였고, 아버지와 아들의 관계를 회복시켰으며, 잔치를 베풀게 하였다(눅 15:22).

---

3 Clark E. Moustakas, ed., "What It Means to Become a Person," in *The Self* (New York: Harper and Row, 1956), p. 196.
4 *The Fall* (New York: Knopf, 1957), p. 81.

고백은 말로 하는 회개이다; 고백은 실제로 이루어진 참회이다; 고백은 행동으로 드러낸 회개이다. 고백은 지금까지 인생을 괴롭힌 죄에 대한 말로 하는 작별이자 동시에 포기이다. 고백자는 새로운 방식의 생활을 영위하겠다는 결단을 선언한다. 죄의 고백은 죄책감의 문제를 해결하는 두 번째 단계이다. 회개로 말미암은 마음의 참된 변화는 고백의 길을 준비하는데, 고백은 내적 태도, 정서 및 생각의 표현이다. 새롭게 생겨난 자아는 한 때 지녔던 허울, 위선 및 죄를 이제는 고백할 수밖에 없다는 것을 깊이 느낀다.

회개한 사람은 자연스럽게 다른 사람에게 자신의 새로운 열망, 정서 및 목적을 나눈다. 왜냐하면 그것들은 그에게 깊은 의미가 있기 때문이다. 그는 사람들이 새로 구입한 집에 대하여 언급하고 싶어하는 것처럼 인생에 대하여 새로운 관점을 갖게 된 큰 기쁨에 대하여 언급하고 싶어한다.

회개가 의미심장한 것이 되려면 고백이 따라야만 한다. 고백 없는 회개는 참회자를 과거보다 더 악한 상태에 방치하는 꼴이 된다. 왜냐하면 그의 선한 의도가 사산(死産)되는 셈이기 때문이다. 영적 생활의 법칙 때문에 과거의 죄들을 반드시 시인해야 되며 동시에 새로운 의도를 확언(確言)해야 한다.

고백의 필요는 인간이라는 실존의 본성에 쓰여진 것과 같다. 칼 융 (Carl Jung)은 죄의 고백에 대한 거부는 도덕적 방랑을 뜻하나, 고백은 "도덕적 방랑이라는 부담에서 마침내 해방된 인간들 속에로의" 진입을 뜻한다고 말했다. 만일 자신의 잘못을 고백하지 않는다면, "뚫을 수 없는 벽 때문에 생생한 체험—스스로 사람들 가운데 있는 떳떳한 사람이라고 느끼게 하는 체험—을 못하게 하는 것이다."[5]

---

5 *Modern Man in Search of a Soul* (London: Paul, Trench, and Trubner, n.d.), p. 40.

성령은 우리에게 그리스도를 믿는 믿음을 주신다. 바울은 그리스도를 믿는 인격적인 믿음으로 죄와 죄책감에서 자유하게 된다고 말했다: "그러므로 이제 그리스도 예수 안에 있는 자에게는 결코 정죄함이 없나니, 이는 그리스도 예수 안에 있는 생명의 성령의 법이 죄와 사망의 법에서 너를 해방하였음이라"(롬 8:1-2). 다른 곳에서, 바울은 죄책감으로부터의 자유는 그리스도를 믿는 믿음을 통해 하나님으로부터 오는 선물이라고 말한다: "모든 사람이 죄를 범하였으매 하나님의 영광에 이르지 못하더니 그리스도 예수 안에 있는 구속으로 말미암아 하나님의 은혜로 값없이 의롭다하심을 얻은 자 되었느니라. 이 예수를 하나님이 그의 피로 인하여 믿음으로 말미암는 화목 제물로 세우셨으니...."(롬 3:23-25). 바울은 믿음을 통해서만 하나님이 인간의 죄를 용서하신다는 것을 강조했다. "사람이 의롭게 되는 것은 율법의 행위에서 난 것이 아니요, 오직 예수 그리스도를 믿음으로 말미암는 줄 아는 고로 우리도 그리스도 예수를 믿나니, 이는 우리가 율법의 행위에서 아니고 그리스도를 믿음으로서 의롭다함을 얻으려 함이라. 율법의 행위로서는 의롭다함을 얻을 육체가 없느니라"(갈 2:16).[6]

바울은 인류가 선을 행함으로, 구약 성경의 율법을 지킴으로, 혹은 기타의 도덕적 규범을 지킴으로 죄책감에서 해방되려고 하는 것을 알았다. 이런 방법으로는 죄책감을 한 번도 해결한 적이 없었다. 왜냐하면 사람들은 그들의 악한 행위를 "보상하는" 선한 행위들을 충분히 했는지도 알 수 없기 때문이며, 또한 도덕적으로 지각이 있는 사람들은 그러한 체계가 존재하는지 모르기 때문이다. 그들은 전능자와 거래할 수 있을 만큼 준비도 되어 있지 않다고 느낀다. 그들은 "너는 할지니라" 중 많은 것을 하지 못하고 동시에 "너는 하지 말지니라" 중 많은 것을 한 것을 인정한다. 그들은 갚을

6　*의롭게 되다*와 *칭의*라는 용어는 법에서 파생된 폭넓은 신학적인 개념으로, 하나님의 용서를 포함한다.

수 없는 빚을 하나님께 지고 있다고 느낀다. 모든 일을 아주 잘 하고 있을 때조차도 그들은 그들의 악한 행위를 갚을 수 있는 도덕적 선행의 가능성이 없다는 것을 아는데, 그 이유는 종교적으로 최선을 다 하고 있을 때조차 그들은 하나님이 명령하신 것만을 행하고 있기 때문이다.

초기 미국의 기독교 사역자인 나단 뱅스(Nathan Bangs)는 그의 회심을 다음과 같이 묘사하였다: "그 때 그리스도는 '율법을 이루시고'…'나의 죄를 그분의 몸에 지고 나무에 달리신' 분으로 나의 마음에 비추어졌다; 그래서, 믿음으로 그분을 영접하면서, 나는 더 이상 죄를 짊어질 필요가 없었다. 이것을 깨닫자 나는 너무 낮아져서 내 자신이 티끌처럼 여겨졌다. 동시에 그분의 구속적인 공로를 단순한 믿음으로 의지할 수 있는 은혜스러운 능력을 느끼게 되었다. 즉각적으로 나는 나의 모든 죄가 그리스도 때문에 사라졌다고 느꼈다.…"[7]

성령은 우리가 실제로 용서할 수 있게 하신다. "실제화된 용서"(realized forgiveness)는 구체적인 죄책감에 대한 하나님의 치료이다. 하나님과 인간의 관계에서 볼 때, "실제화된 용서"는 그리스도를 믿음으로 말미암아 일어나고 또 그리스도 때문에 하나님이 죄의 짐에서 우리를 해방시켜 주셨다는 자각이다.

용서를 의미하는 기본적인 성경의 단어들을 보면 죄의 짐으로부터 해방을 암시한다. 구약 성경의 한 단어는 근본적으로 "가벼움, 들어올림"의 의미를 갖는데, 무거운 짐이 어깨에서 내려질 때 느껴지는 해방감을 시사한다. 기타의 구약 성경의 단어들은 "덮다," "씻어내다," "용서하다" 등으로 번역될 수 있다. 용서를 의미하는 가장 기본적인 신약 성경의 단어는 *아피*

---

7 A. H. Tuttle, *Nathan Bangs* (New York: Eaton and Mains, 1909), pp. 34-35.

에미(aphiemi)로서, "멀리, 보내다" "경감하다" 등의 사고를 아주 구체적으로 암시한다. 하나님과 인간의 관계에서, 용서를 의미하는 신약 성경의 사고는 인간의 구체적인 죄책감을 제거하신 하나님의 행위에서, 그리고 하나님 앞으로 나아올 수 없게 했던 죄책감에서 해방되었기에 그분과의 관계를 회복시킨 하나님의 행위에서 찾을 수 있다. 존 번연(John Bunyan)은 『천로 역정』에서 하나님이 주시는 용서의 중심 사상을 묘사하였다. 그리스도인이 믿음으로 그리스도의 십자가를 바라보았을 때, 그는 죄책감이라는 무거운 짐을 내려놓게 되었고, "기쁘고 가볍게 되어, 즐거운 마음으로 이렇게 말했다, '그분(그리스도)은 슬픔과 생명과 죽음을 통하여 나에게 쉼을 부여하셨다.'"

"실제화된 용서"는 우리가 용서받았다는 개인적인 자각이다. 그 용서는 흔히 그리스도인의 확신이라고도 한다. 그 용서는 하나님이 우리의 범죄를 용서하셨다는 의식적인 인식―이성적이고도 직관적인 인식―이다.

성령은 하나님의 용서에 대한 이런 내적 확신을 일으키기 위해 갖가지의 방법을 사용하시나, 가장 기본적인 방법은 성경이다. 성령은 확신에 대한 중요한 성경의 말씀에 우리로 하여금 동의하게 하시고 또한 우리에게 적용하도록 도우신다. 한 발 더 나아가서, 성령은 우리에게 내적 평안과 정죄에서 해방감과 내적 평안을 부여하신다(롬 8:1). "그러므로 우리가 믿음으로 의롭다하심을 얻었은즉 우리 주 예수 그리스도로 말마암아 하나님으로 더불어 화평을 누리자"(롬 5:1). 성령은 하나님께 대한 죄의 자세―바로 이것 때문에 하나님과 분리되었었다―를 제거하시며 동시에 우리로 하여금 하나님의 가족의 일원이라는 느낌을 주신다. "너희는 다시 무서워하는 종의 영을 받지 아니하였고 양자의 영을 받았으므로 '아바 아버지'라 부르짖느니라. 성령이 친히 우리 영으로 더불어 우리가 하나님의 자녀인 것을 증거하시나니"(롬 8:15-16). 존 웨슬리는 그의 마음이 뜨거워지는 경험을 이렇게 묘사했다: "나는 나의 구원을 위해 그리스도를, 정말 그리스도만을 신뢰하였다고 느꼈다; 그리고 *나의 죄*를, 심지어 *나의 죄*조차 멀리 옮기셨으며, 죄와 진노의 법에서 나를 구원하셨다는 확신이 나에게 주어졌다."8)

성령은 거짓된 죄책감에 대한 통찰력을 주신다

거짓된 죄책감은 개인적인 실패에 대한 잘못되거나 과장된 느낌이다. 잘못은 흔히 눈에 띄지 않거나, 불투명하거나, 아니면 과장된다. 하나님의 용서를 받아들이고 그리스도에게 받아들여졌다고 느끼기 어려운 그런 그리스도인들에게 거짓된 죄책감은 중요한 문제이다.

거짓된 죄책감에 관한 깊고도 무의식적인 출처에 대한 논의는 본서(本書)의 범위 밖이나, 그래도 우리는 이 주제를 다소라도 언급하지 않을 수 없는데, 그 이유는 근본적으로 잘 적응된 그리스도인들 가운데서도 불필요한 죄책감을 느끼고 있는 사람들이 있기 때문이다. 성령은 그들을 좌절과 처량함 가운데 내어버려 두지 않으신다; 성령은 그들에게 안내와 통찰력과 힘을 주신다.

성령은 성숙하지 못한 자들을 도우신다. 어떤 믿는 자들은 보다 나이 들고 보다 성숙한 그리스도인들을 보면서 자신들의 영적 개발의 부족을 인식하며 죄책감을 느낀다. 그들은 정상적인 미성숙(未成熟)과 정지된 영적 성장을 구분하지 못한다. 성령은 그들로 하여금 이런 차이를 구분하게 하고 또 미성숙 때문에 비난을 받을 필요가 없다는 것을 보여 주신다. 성령은 그들로 하여금 보다 깊은 그리스도인의 생활을 인식하면서 영적으로 성장하고자 하는 갈망을 갖게 하신다.

---

8 *Works*, 14 vols. (New York: Mason and Lane, 1840), 3:74.

성령은 감정적 안목을 주신다. 거듭 말하거니와, 그리스도인들 가운데는 시시때때로 죄책감을 느끼는 사람들도 있는데, 그 이유는 그들이 개인적 감정의 중요성을 지나치게 강조하기 때문이다. 그들에게 기쁨과 평안이 있을 때는 용서받았다고 생각하나, 실망될 때는 용서받지 못했다는 두려움을 갖는다. 실제적인 관점에서, 그들은 하나님의 승인을 그들의 적극적인 감정과, 그리고 하나님의 거부를 그들의 부정적인 감정과 각각 동일시한다. 성령은 그런 사람들에게 하나님의 승인이 그들의 감정과 같은 불안한 근거에 의지하지 않고 오히려 그리스도에 대한 믿음과 하나님의 신실성에 의지한다는 사실을 보여 주신다.

성령은 율법주의에서 해방시켜 주신다. 그뿐 아니라, 그리스도인의 생활을 근본적으로 옳은 행위를 행하며 잘못된 행위를 피하는 것으로 여기는 사람들은 시시때때로 아니면 만성적으로 죄책감을 가지고 생활하는 것이 보통이다. 그런 사람들은 법칙대로 생활해야 된다고 믿으나, 그 법칙이 너무 많고 복잡해서 법칙 가운데 어쩔 수 없이 깨뜨리는 것이 있게 마련이다. 이런 그리스도인들은 모든 법칙을 동등하게 보며 따라서 윤리적으로 가벼운 죄에 대해서도 무거운 죄를 범하는 것처럼 죄책감을 느끼는 경향이 있다. 카렌 호니는 "법칙의 폭군"이란 것이 있으며, 삶의 질을 법칙의 준수에 따라 평가한다면 그 사람은 죄책감을 느낄 수밖에 없다는 사실을 지적하였다. 선행의 가능성은 너무나 무한하기 때문에 사람이 죄책감을 느끼지 않을 만큼 충분한 선을 행하기란 실제적으로 불가능하다. 성령은 마음이 열려 있는 믿는 자들에게 그리스도와의 관계가 그분에 대한 살아 있는 믿음에 달려있지 행위에 있지 않다는 사실과, 구원이 하나님의 선물이지 결코 인간의 노력의 결과가 아니라는 것을 보여 주신다. 성령은 의무에 사로잡힌 제자들로 하여금 그리스도는 선행과 사랑을 동시에 추구하신다는 것을

보게 도와 주신다. 그리스도에 대한 사랑은 그리스도인의 승리를 자아내는 원동력이다.

성령은 도덕적 경직(硬直)에서 해방시켜 주신다. 어떤 이유에서든 하나님의 용서를 느끼기 어려워하는 사람들은 대개 불행한 어린 시절의 경험을 가지고 있다. 금지, 비난, 책망 및 정죄로 묘사되는 가정 환경에서 성장한 사람들은 흔히 죄책감을 과장한다. 일반적으로 이런 느낌과 다른 사람들의 기대에 미치지 못한다는 불안한 두려움 사이에는 긴밀한 관련이 있다. 성령은 열려진 마음의 사람들이 치유의 자료로서 성경, 예배, 상담 및 기타 여러 방법을 사용할 때 그들에게 과장된 죄책감의 원인을 보게 하신다. 성령은 죄책감을 통하여 그리스도인으로 하여금 안목과 은혜에서 성장하도록 도우시며, 마침내 그 사람은 거짓된 죄책감이라는 무거운 짐에서 벗어난다.

결   론

하나님의 계시를 제외한 모든 종교의 근원과 발전을 살펴보면, 인간의 심리는 죄책감으로부터 해방되어야 할 심각한 욕구를 지니고 있으며, 그것은 오늘날의 사람들에게도 중요한 욕구이다. 우리는 지금도 하나님과의 관계를 회복하기 원하고, 하나님의 용서라는 특권을 경험하기 원한다. 예수님이 세상에 오심으로 이것이 가능해 진 것이다. 그분은 예수라는 이름이 주어졌는데, 그것은 "그가 자기 백성을 저희 죄에서 구원할 자"이시기 때문이었다(마 1:21). 용서받을 때 믿는 자는 성령의 도우심으로 죄책감의 느낌에서 해방된다.

기독교는 내적 본질을 강조하는 것이 그 특징이다. 성령은 인간의 마음 속에서 믿음이라는 큰 진리와 하나님의 역사를 내적으로 경험하게 하신다. 용서받았다는 느낌은 우리의 마음에 성령의 임재로 인하여 생기는 중요한 결과이다. 존 웨슬리의 아버지 사무엘은 임종(臨終)의 자리에서 부분적이긴 하나 확실한 용서를 이렇게 언급한 바 있었다: "내적 증거, 아들아, 내적 증거—이것이 기독교의 증거, 곧 가장 강한 증거이다."9)

---

9 W. J. Townsend, H. B. Workman, George Eayrs, eds., *A New History of Methodism*, 2 vols. (London: Hodder and Stoughton, 1909), 1:168.

토의를 위한 질문

1. 당신은 죄책감이 오늘날의 사람들에게 주된 문제라고 생각하는가?

2. 사람들에게 "죄에 대하여, 의에 대하여, 심판에 대하여" 책망하시는 성령의 역사는 얼마나 중요한가?(요 16:7-15를 보라)

3. 어떤 의미에서 하나님이 주신 회개가 하나님의 용서를 위한 준비인가? 어떤 의미에서 회개가 하나님의 용서의 결과인가?

4. 순수한 회개는 언제나 하나님의 은혜로 새로운 생활을 영위하고자 하는 진지한 의도를 내포하는가?

5. 어떤 의미에서 성령에 의한 고백이 하나님의 용서를 위한 준비인가?

6. 어떤 방법으로 죄의 고백이 우리를 우리의 이웃과 연합시키는가?

7. 당신은 모든 그리스도인들이 "실제화된 용서"의 느낌을 가지고 있다고 생각하는가?

8. 하나님은 우리에게 용서의 확신을 주기 위하여 어떤 영적 방법을 제공하셨는가?

9. 실제 죄책감의 느낌과 거짓된 죄책감의 느낌을 구분하라.

10. 어떤 종류의 인성이 거짓된 죄책감을 갖게 하기 쉬운가?

11. 그리스도인들은 거짓된 죄책감을 확실히 갖고 있는 동료 신자들을 어떻게 도울 수 있는가?

3

성령은 우리의 염려를 덜어 주신다

정상적인 사람들에게 있는 염려는 주로 종교적인 문제이다. 그 원인은 개인적으로 영적 생동감의 부족이며, 따라서 염려가 치료되면 기독교 자원이 크게 활용된다. 많은 그리스도인들은 불우했던 어린 시절의 상황, 가난한 환경, 경쟁에 대한 압박감, 복잡한 일상적인 생활과 같은 원인들을 다룸으로 감소시키기 보다는 기본적인 영적 수단을 사용하여 염려를 성공적으로 감소시킨다.

염려는 위험, 가치관의 상실, 목표 달성의 실패 등에 압도되어 과장된 두려움을 갖는 감정의 상태이다. 정상적인 염려는 "불안과 무기력(無氣力)의 느낌으로 짓눌린 감정의 경험이다."

모든 사려 깊은 그리스도인은 가능한 한 과장된 두려움에서 해방되기를 바라는데, 그 이유는 그런 두려움 때문에 그들의 효율성을 떨어뜨린다는 것을 알기 때문이다. 그런 두려움은 그들이 강해야 할 때 약하게 만들고, 확신을 가져야 할 때 의심하게 만든다. 그런 두려움은 믿음의 부족을 드러내기 때문에 그들의 전도를 감소시킨다. 그런 두려움은 그들로 하여금 베드로처럼 주님을 부인하게 만들 수도 있다.

성경은 사람들이 염려에서 해방될 것을 요구하신다. 예수님은 이렇게 말씀하셨다, "목숨을 위하여 무엇을 먹을까, 무엇을 마실까, 몸을 위하여 무엇을 입을까 염려하지 말라"(마 6:25). 바울은 빌립보 교인들에게 말했다, "아무 것도 염려하지 말고, 오직 모든 일에 기도와 간구로 너희 구할 것을 감사함으로 하나님께 아뢰라"(빌 4:6). 베드로는 압박과 핍박을 당하고 있는 그리스도인들에게 "너희 염려를 다 주께 맡겨 버리라. 이는 저가 너희를 권고하심이니라"고 권면하였다(벧전 5:7).

성령은 정상적인 사람들의 염려를 치료하는 위대하고 거룩한 의사이시다. 성령은 우리의 적은 믿음에 대하여 그리고 우리의 염려에 대하여 우리 안에서 깊은 불만을 일으키신다. 성령은 우리에게 염려의 이유를 보게 하시며, 우리로 하여금 하나님이 주신 자원을 활용할 수 있게 하시고, 하나님이 당신의 자녀들을 돌보신다는 귀한 말씀을 성경에서 보게 하신다.

염려의 영적 의미

염려는 날씨처럼 우리의 생활 전반에 영향을 미칠 수 있다. 염려는 거룩한 자원―승리의 생활을 가능하게 하는 자원―에 대한 우리의 안목을 흐리게 한다. 염려는 우리로 하여금 하나님의 뜻 안에서 긍정적인 결정을 내리지 못하게 한다. 염려는 통상 부정적이고 적대적인 태도를 형성하여 우리로 하여금 기쁨과 평안을 누리지 못하게 한다. 마지막으로, 염려는 우리의 기도 생활을 방해하고 하나님과의 관계를 약화시킴으로 우리의 믿음을 떨어뜨린다.

염려는 깨달음을 방해한다. 염려는 여러 가지로 깨달음을 약하게 한다. 염려하는 사람은 그의 위협적이고 부정적인 상황에 주의를 집중한 나머지 장기적으로 긍정적인 가치를 보지 못한다. 그는 사실을 왜곡된 형태로 바라본다. 염려는 성경에 있는 거룩한 도움에 대한 빛나는 약속을 막으며 동시에 하나님의 능력과 웅대함(雄大)조차도 흐리게 한다.

사람은 사물을 있는 그대로 보지 못하고 그의 입장에서 본다는 것은 잘 알려진 사실이다. 비관론자는 비관적인 것들을 보고 낙관론자는 낙관적인 것들을 본다. 모든 사람은 사물을 본 대로 느낌을 표현하면서, 그의 태도와 감정에 따라 사물을 해석하려는 경향이 있다. 염려하는 사람들은 그들이 관찰한 상황에 대한 비현실적인 두려움을 표현함으로써 깨달음을 왜곡시킨다.

염려는 결단을 방해한다. 염려는 우리로 하여금 생활의 부정적인 측면을 지나치게 강조하게 한다. 염려는 우리의 집중력을 떨어뜨린다. 염려는 끊임없이 우리를 혼란시켜서 어떤 상황의 모든 요소를 철저하게 볼 수 없게 한다. 어떤 때에는 너무 많은 "만일"과 "글쎄" 등으로 우리의 결단을 주저하게 한다. 의심과 불신에 쫓긴 나머지 우리는 종종 결단을 너무 오래 미루다 아무런 좋은 결정도 내리지 못한다.

그뿐 아니라, 염려는 우리로 하여금 우리의 결단을 연약하고 소심하게 시행하도록 만드는 경향이 있는데, 그 이유는 결단을 실행하기 이전에 다시 그 결단에 대하여 이모저모로 따지기 때문이다. 우리는 앞으로 나아가려고 할 때 주저한다. 건설적인 생활을 위한 에너지가 염려로 감소된 나머지, 우리는 활력 없이 결단을 수행한다. 냉담과 염려 사이에는 흔히 밀접한 관계가 있는데, 냉담은 과장된 두려움의 마스크일 뿐이다.

염려는 적대감을 일으킨다. 호니가 강조한 것처럼, 염려는 종종 적대감을 일으키고, 적대감은 종종 염려의 근원이다. 염려의 증상(症狀) 안에 있는 몇 가지 요소는 적대감을 일으킬 수 있는 잠재력을 지닌다. 염려는 두려움과 마찬가지로 방어적인 행동을 하게 만들며, 인간의 유기체는 자기보존의 수단으로 "대항하거나 아니면 도망갈" 준비를 하고 있는 타고난 기질을 가지고 있다. 염려는 좌절감으로부터 발생하며, 좌절감은 종종 분노와 공격의 원인이 된다. 마지막으로, 염려하는 사람은 흔히 다른 사람들,

특히 그를 "위협하는" 사람들로부터 고립되어 있다고 느끼며, 그의 성품에는 그를 "고립시킨 사람들"에게 적대감을 갖는 경향이 있는 것 같다.

염려는 하나님과 인간의 관계를 약화시킨다. 염려는 그리스도인 생활의 기초 자체를 파괴하는 경향이 있다. 염려는 하나님과의 관계의 중심부를 공격하는데, 그 방법은 하나님은 물론 그분의 사랑에 대한 우리의 신뢰를 떨어뜨리는 것이다. 그렇게 되면 우리는 우리 스스로 생활을 지배하기 시작하는데, 그것은 마치 안정되고 풍요로운 가정에서 부족을 두려워한 나머지, 스스로 부족을 채우려고 집을 떠나서 세상으로 가 버린 소년과 같다.

염려는 하나님과의 관계라는 느낌, 세상에 사는 그리스도인 생활에 기초가 되는 하나님의 임재라는 느낌을 앗아가는 경향이 있다. 염려는 하나님의 존재는 믿으나 다른 지역에 모든 관심을 쏟는 부재(不在)의 지주를 대하듯 하나님을 대하는 자연신교(deism)의 신도로 우리를 만든다. 염려는 하나님의 세상은 호의적이며 정답다는 사실을 부인하며 따라서 우리는 독단적이고 비인격적인 법칙에 운명을 걸고 있는 것처럼 느끼게 한다.

염려는 신앙 생활에서 가장 좋은 것을 파괴한다. 염려는 하나님의 약속을 흐리게 하며 동시에 경건의 시간과 기도와 예배의 정신을 파괴한다. 염려는 그리스도인의 열정을 감소시키며, 영적 생활의 매력을 잃게 한다. 염려는 사람들을 영적으로 지치게 만들며, 지친 그리스도인은 중요한 임무를 받고 파송된 지친 군인과 같다.

염려는 "죄를 짓기 전의 심리적 상태"라고 키에르케고르는 말했다.[1] 염려는 확신에 걱정을, 기쁨에 불안을, 그리고 평안에 동요를 감염시킴으로,

---

1 *The Concept of Dread* (Princeton: Princeton University, 1944), p. 82.

죄에 대한 가장 강력한 그리스도인의 방어망을 제거한다. 키에르케고르는 이렇게 말했다, "염려는 개인을 무기력하게 만들며, 최초의 죄는 언제나 무기력에서 발생한다."[2]

염려의 원인

우리는 이 부분에서 염려의 세 가지 근본 원인을 살펴보고자 한다. 첫째는 인간의 유한성(有限性)이다. 우리의 육체적, 사회적 환경에 있는 것들 가운데는 우리의 통제 밖에 있는 것들이 있으며, 이런 것들이 우리를 걱정하게 만들 수 있다. 둘째는 죄책감이다. 그리고 셋째는 하나님이 우리에게 주신 잠재력을 실현하지 못한 것을 보게 될 때 생기는 성취감의 부재이다.

염려와 인간의 유한성. 예수님 시대에 살았던 많은 사람들은 고질적인 염려를 가지고 있었는데, 음식과 의복의 공급이라는 매일의 문제에 대하여 확실하지 않았기 때문이었다. 예를 들면, 음식은 주로 해와 비에 의존하였는데, 이 사람들은 유한하기에 기후를 조절할 방법이 없었다.

인간의 유한은 대개 염려의 원인이 된다. 인간은 이해할 수 없는 상황을 만나며 통제할 수 없는 세력에 부딪친다. 현재에 대한 인간의 이해는 제한되어 있으며, 미래에 대한 지식은 전혀 없다. 인간은 생활의 다양한 세력을 통제할 수 없다. 인간은 건강을 선택할 수 없으며 죽음을 거부할 수 없다. 인간은 한정된 지식을 가지고 기본적인 선택을 하며, 그가 처한 사회적 조건은 종종 잘못된 선택을 하게 한다.

초보 단계의 염려는 박정(薄情)한 세상에서 고독과 무기력의 느낌 때문에 증대된다. 만일 어떤 사람이 하나님께 대한 믿음을 가지고 있지 않다

---

2 Ibid., p. xii.

면, 그가 인간적으로 통제할 수 없는 세력에 부딪칠 때 그에게는 갈 곳이 없는 것이다. 사람은 염려하지 않을 수 없는 것이다.

염려와 죄책감. 실제적인 죄책감은 염려의 첫 번째 원인인데, 그 이유는 죄책감이 우리의 마음에서 하나님으로부터 고립과 분리의 느낌을 일으키기 때문이다. 우리는 하나님의 보복을 두려워하게 되며, 심지어는 형벌을 받아야 된다는 느낌을 갖기도 한다. 죄책감과 염려의 관계는 인간 역사의 처음부터 나타났다; 아담과 하와가 하나님께 불순종한 후, 그들은 자책감, 두려움, 불안감을 느껴서 하나님의 음성을 들었을 때 숨었다.

실제적인 죄책감은 하나님으로부터 고립시킬 뿐 아니라 동료로부터도 고립시킨다. 죄책감을 가진 사람은 무가치하며 수용되지 않는다고 느낀다. 그는 그가 잘못한 사람으로부터 고립되었다고 느끼며 그로부터 올 반격을 두려워한다. 결국 그는 자기 방어를 준비하며, 그 과정에서 그는 적대감과 염려를 증가시킨다. 적대감은 염려를 가중시키고 또 강화시킨다.

그뿐 아니라, 실제적인 죄책감은 우리로 하여금 실제의 자신에 대해서 염려하게 만든다. 우리는 죄의 행위가 우리의 실제의 자신에게서 발생하며 동시에 그런 행위가 단순한 도덕적 사건이 아니라는 것을 안다. 우리는 실제의 자신이 이상화된 자신이 아님을 알게 된다. 우리는 의도적인 통제를 받지 않는 내적인 자극을 두려워하게 되며, 이런 도덕적 불안이 염려의 온상이 된다.

이러한 모든 고립과 분리의 느낌은 우리의 본질적인 성품과 반대되며, 그런 느낌은 지나친 두려움을 초래한다. 우리는 고립이 아닌 관계를 위해, 분리가 아닌 교제를 위해 창조되었다. 어떤 심리 치료자들은 현대인에게 필요한 것은 무엇보다도 "고립과 분리의 느낌으로부터 해방"이라고 믿는다.

염려와 인간의 공허. 많은 염려는 우리의 생활에서 영적 의미의 결여 때문에 일어나는 공허감으로 인하여 생긴다. 인간은 영적 성품을 가지고 있으며, 따라서 마음에 지속적인 가치관이 없으면 그 마음은 들뜨게 된다. 그것은 육체가 음식을 취하지 못하면 배고픔을 느끼는 것과 같다. 인간 안에 있는 영원한 영혼은 현재의 생활 너머를 보면서 영원한 가치를 발견하지 못할 때 불안하게 된다. 전도서의 저자는 세상의 것들로는 인간 안에 있는 영생에 대한 열망을 만족시킬 수 없다는 선언으로 그의 저서를 시작하였다: "헛되고 헛되며...모든 것이 헛되도다"(전 1:2).

현대의 심리학자들 가운데 많은 사람들이 "실존적 진공"—그들의 생활은 아무런 특별한 목적에 의하여 이끌리고 있지 않다—속에서 살고 있다고 말하는 사람들도 있다. 그들은 그들의 생활에서 깊은 공허를 느낀다; 그들은 아무 도전도 느끼지 못한다; 그들은 장기적인 목표도 가지고 있지 않다. 그들은 궁극적인 삶의 의미를 잃어버렸기 때문에 내적 좌절감을 겪는다. 레오 톨스토이(Leo Tolstoi)도 이와 매우 흡사한 것을 경험했다. 그의 부요, 높은 사회적 신분, 광범위한 세상적 취미에도 불구하고, 그는 이렇게 고백했다: "나는 내가 의지하고 있는 근거가 무너지고 있으며, 내가 의지할 것이라곤 하나도 없으며, 내가 지금까지 추구해 온 것은 아무 것도 아니며, 내가 살아야 할 아무런 이유도 갖고 있지 않다고 느꼈다...."[3]

성령의 염려 치료

예수님은 인생살이에 두 가지 방식이 있으며, 사람은 그 둘 가운데 하나를 선택할 수 있다고 가르치셨다(마 6:19-34). 첫째는 염려의 방식으로, 예수님 시대의 이방인들이 살았던 방식이다. 자녀들에 대한 하나님 아버

---

3 *The Living Thoughts of Tolstoi*, ed. Stefan Zweig (New York: Longmans and Green, 1939), p. 3.

지의 관심을 알지 못했기에 그들은 두려움 속에서 생활하였다. 둘째는 모든 사람들에게 관심을 쏟는 무한하신 하나님을 믿는 방식이다. 하나님을 믿으면 정상적인 사람들 속에 있는 기본적인 염려의 문제들이 해결된다. 믿음을 통하여 하나님의 자원이 우리의 생활에 적용됨으로 인간의 한계가 보충된다. 믿음은 우리의 실제적인 죄책감을 말소하고 하나님과의 관계를 돈독하게 해 준다. 믿음은 인간의 공허를 기독교의 목적과 영원한 의미로 채운다.

유한한 인간은 무한한 자원을 의존한다. 성령은 우리가 일상 생활의 요구에 대처할 수 없다고 염려하고 두려워할 때 믿는 자들인 우리를 도우신다. 예를 들면, 성령은 자녀들에 대한 하나님의 사랑에 관한 예수님의 말씀을 상기시키시며, 동시에 마음이 열린 믿는 자들에게 그 말씀을 확신시켜서 감동하게 하신다. 성령은 불확실한 미래에 대한 염려를 위한 가장 좋은 해독제가 바로 변치 않는 하나님께 대한 신뢰라는 것을 우리에게 보여 주신다. 성령은 하나님 아버지가 이 세상에서 역사하고 계시며, 새들을 먹이시고, 백합들을 무척 아름답게 입히신다는 것을 개인적으로 믿을 수 있도록 도우신다. 그 결과는 깊은 안정감과 염려의 감소이다. 성령은 우리로 어려운 때에도 영적 평정(平靜)을 유지하도록 도우시며, 따라서 위협적인 상황을 충동적으로 대면하거나 아니면 그 상황에 무기력하게 굴복하는 것을 막아 주신다. 성령은 우리로 하여금 열등감이나 낙심의 감정에 의하여 무기력해지지 않고 우리의 인간적 한계를 수용하도록 도우신다. 성령은 우리에게 기도의 영을 주시며 하나님이 삶의 어려운 상황에서도 우리를 인도하실 것과 우리가 최선의 상태를 유지할 수 있도록 우리를 강하게 하신다는 강한 믿음을 불어넣어 주신다. 성령은 윌리엄 제임스(William James)가 기록한 그런 경험을 우리도 할 수 있게 하신다: "성

령은 당신의 작은 발작적인 자아에게 쉼을 부여하며, 동시에 거기에 보다
위대한 자아가 있다는 것을 발견하게 하신다."4)

그리스도인의 전기는 그리스도인의 염려를 다루시는 성령의 도우심을
받아들인 헌신된 사람들의 이야기로 가득하다. 젊었을 때 염려하곤 했던
프랜시스 해버걸(Frances R. Havergal)은 후에 이렇게 말했다: "세상
적이든 영적이든 불안, 근심, 염려, 조바심은 일체 사라졌습니다. 예수님
이 모두 가져가셨으며, 믿음으로 인한 쉼은 나처럼 소심하고 예민한 성격
의 소유자가 누릴 수 있다고 상상한 것보다 훨씬 완전하고 지속적이었습니
다."5) 젊은 시절 염려하기 일쑤였던 존 웨슬리도 그의 말년에 이렇게 말했
다: "하나님의 은혜로 나는 어떤 일에도 초조해 하거나 불평하지 않습니
다; 나는 어떤 것에도 불만을 품지 않습니다. 나는 하나님이 보좌에 앉아
서 모든 것을 옳게 통치하시는 것을 봅니다....수많은 머리털이 머리에 짐
으로 느껴지지 않는 것처럼 수많은 걱정거리는 내 마음에 부담이나 짐이
되지 않습니다."6) 우리의 가장 중요한 모범은 역시 하박국이다. 농업 사
회에 살던 그 옛 선지자는 수확이 실패할 때의 배고픔과 고통과 죽음까지
도 알고 있었다. 그러나, 그는 하나님의 임재를 너무나 많이 인지(認知)하
고 있었기에 염려대신 기쁨과 힘을 찾았다.

> 비록 무화과나무가 무성치 못하며,
> 포도나무에 열매가 없으며,
> 감람나무에 소출이 없으며,

---

4 *Varieties of Religious Experience* (London: Longmans and Green, 1902),
   p. 111.
5 James Mudge, *The Saintly Calling* (Cincinnati: Jennings and Graham,
   1905), pp. 176-77.
6 Ibid., p. 45.

밭에 식물이 없으며,
우리에 양이 없으며,
외양간에 소가 없을지라도,
나는 여호와를 인하여 즐거워하며,
나의 구원의 하나님을 인하여 기뻐하리로다.
주 여호와는 나의 힘이시라.
나의 발을 사슴과 같게 하사,
나로 나의 높은 곳에 다니게 하시리로다.

(합 3:17-19)

성령은 *죄책감으로 시달리는 염려에서 해방시켜 주신다.* 하나님의 용서를 인식하게 함으로써 성령은 우리의 염려를 감소시키며 우리를 하나님께 대한 비굴한 두려움과 적대감에서 해방시켜 주신다. 염려와 적대감이라는 악순환은 깨어진다. 실제의 죄책감에 대한 기억을 성령이 씻어주심으로 영적으로 오염된 과거의 삶에서 우리를 해방시키신다.

하나님이 용서하셨다는 느낌은 다른 사람들과의 관계에서 우리를 도와준다. 다른 사람들을 수용하며 또 수용되는 것은 중요한데, 그 이유는 불안정하고 긴장된 대인 관계는 많은 염려를 일으키기 때문이다. 일단 우리가 우리 자신을 받아들일 수 있으면 다른 사람들도 받아들일 수 있다. 우리는 우리 안에서 적대감과 염려를 일으키는 사람들에 대하여 새로운 태도를 취할 수 있는데, 그 이유는 우리는 더 이상 우리 자신을 방어할 필요가 없기 때문이다.

성령은 *인간의 생활에 의미를 부여하신다.* 성령은 예수님의 메시지를 통해서 인간의 성품이 본질적으로 영적이기에 우리 생활의 중심을 영적 목적에 두어야 한다는 것을 우리에게 보여 주신다. 성령은 영적으로 통합된 생활을 영위하라는 예수님의 이중적인 부르심을 재확인하신다: "너희를 위하여 보물을 땅에 쌓아 두지 말라...너희는 먼저 그의 나라와 그의 의를 구하라"(마 6:19-33). 예수님은 주된 관심이 세상적인 것들—생계, 소유, 개인의 신분과 인정—에 있는 사람에게 염려는 피할 수 없는 것이라고 가르치셨다.

영적 원리에 따른 생활의 통합이 불안한 걱정에 대한 해독제라는 것은 신약 성경의 "염려"—"서로 다른 방향에서 잡아당긴다"—에 대한 단어인 *메림나*(merimna)의 의미에서도 분명히 찾을 수 있다. 이 단어는 상충된 관심으로 말미암아 좌절과 긴장을 일으키는 분열의 상태를 시사한다. 염려의 생활은 많은 상반되는 목적과 충동으로 가득하다. 예수님은 관심의 통합을 요구하셨다. 새로운 영적 목적은 많은 스트레스를 감소시킨다. 뿐만 아니라, 그 목적은 모든 사고와 행동을 안내하는 틀이 되어, 얽힌 사실들을 이해할 수 있도록 만들어 준다.

예수님은 모든 사람이 자신보다 큰 어떤 것을 위해 살아야 한다고 가르치셨다. "너희는 먼저 그의 나라와 그의 의를 구하라..."(마 6:33). 사람의 주된 목적이 자신의 생명을 구하는 것이면, 인생은 결국 제자리 걸음을 하고 만다. "누구든지 제 목숨을 구원코자 하면 잃을 것이요"는 종교적 원리일 뿐 아니라 건전한 심리적 원리이기도 하다. 심오한 실존주의자들 가운데는 육체적 생명이 그 자체로는 충분히 만족스럽거나 의미 있는 것이 못된다고 지적한 사람들이 있다. 자신의 생명을 귀하게 여기는 것보다 어떤 다른 것을 의식적으로 더 귀하게 여기게 될 때까지는 말이다.

빅터 프랭클(Victor Frankl)은 삶의 공허를 인식하고 심각하게 자살을 고려했던 어떤 여인에 대해 언급하였다. 마침내, 성령의 도우심으로 그녀는 하나님이 그녀의 인생에 어떤 목적을 가지고 계시다는 것을 느끼게 되었다. 이런 깨달음은 그녀의 쇠약한 영혼에 신선한 입김으로 들어왔다. 그 후 그녀는 말했다, "하나님은 나에게서 무엇인가를 원하십니다. 나는 그것이 정확히 무엇인지 모릅니다; 그것을 찾는 것은 나에게 달려 있습니다. 어떤 때는 나는 기뻐서 이렇게 외칠 수 있을 것 같습니다—인생은 아름답다, 아름답다, 아름답다."

영적 가치에 그의 생애를 둠으로써 바울은 자신의 죽음에 관한 모든 염려에서 해방되었다; 죽음은 실제로 그가 원하는 선택 사항이 되었다. 그는 그의 말년에 이렇게 기록하였다, "이는 내게 사는 것이 그리스도니 죽는 것도 유익함이니라....내가 그 두 사이에 끼었으니 떠나서 그리스도와 함께 있을 욕망을 가진 이것이 더욱 좋으나 그러나 내가 육신에 거하는 것이 너희를 위하여 더 유익하리라"(빌 1:21, 23, 24).

결   론

성령은 마음이 열려진 그리스도인들로 하여금 하나님의 임재라는 느낌을 부여함으로 그들의 염려를 극복하도록 도우신다. 그러므로, 그리스도인은 세상이 적대적이 아니라 호의적이며 다정하다고 느끼며, 그는 하나님의 은혜로 영원하신 하나님과 연결되어 있는 것이다. 시편 기자 다윗은 시편 23편에서 그의 개인적 필요에 대해 염려하지 않고(1절), 위험과 죽음에 대해서도 염려하지 않는다고 했는데(4절), 그 이유는 하나님이 그와 함께 계시기 때문이다. 그는 그분을 실제로 따르는 것은 "선하심과 인자하심"이지(6절), 세상의 악행자가 아니라는 것을 믿었다.

성령은 또한 그리스도인들이 삶의 문제들을 처리할 수 있는 내적 능력을 주심으로 염려를 극복할 수 있도록 도우신다. 바울은 인생에서 어려운 문제들을 처리할 수 있는 능력에 대하여 이렇게 말했다, "내게 능력 주시는 자 안에서 내가 모든 것을 할 수 있느니라"(빌 4:13). 그는 빌립보 교인들에게 이렇게 권면하였다, "아무 것도 염려하지 말고 오직 모든 일에 기도와 간구로 너희 구할 것을 감사함으로 하나님께 아뢰라"(빌 4:6). 그는 하나님의 임재에 대한 감각이 그들에게 "모든 지각에 뛰어난 하나님의 평강"을 줄 것이라고 말했다(빌 4:7).

토의를 위한 질문

1. 염려와 두려움의 차이는 무엇인가?

2. 당신은 통제할 수 없는 문제에 부딪치게 되는 인간의 한계가 염려의 근본 원인이라고 생각하는가? 그런 염려에 대한 예수님의 처방은 무엇인가?

3. 당신은 죄책감이 보통 염려를 일으킨다고 생각하는가?

4. 우리가 피상적으로 생활할 때, 하나님이 주신 잠재력을 성취하지 못하고 있다는 것을 인식할 때, 하나님은 우리가 불안을 느끼도록 우리를 창조하셨는가?

5. 보물을 하늘에 쌓아 두는 사람은 많은 염려로부터 해방된다는 예수님의 가르침은 얼마나 중요한가?(마 6:19-21)

6. 예수님이 처방하신 인간의 근본적인 염려에 대한 이중적인 요법(療法)은 무엇인가?(마 6:19-34)

7. 당신은 한 때 강했으나 지금은 염려하고 있는 그리스도인을 알고 있는가? 알고 있다면, 그들은 어떻게 강했었는가?

8. 프랜시스 해버걸과 존 웨슬리와 같이, 성숙한 그리스도인이 염려를 거의 하지 않거나 아니면 전혀 하지 않는 경지에 이를 수 있다고 생각하는 것은 비현실적인가?

4

성령은 인생을 강건하게 하는 감정을 창조하신다

긍정적인 감정은 그리스도인에게 유익한 심리적이고도 영적인 분위기를 제공한다. 이 감정은 황폐한 심리적 풍경에 빛을 비추어 주며 사람을 쇠약하게 만드는 무관심과 좌절감의 영향을 줄여 준다.

바울은 긍정적인 감정이 그리스도인의 삶에 중요하다고 말하였다: "하나님의 나라는 먹는 것과 마시는 것이 아니요 오직 성령 안에서 의와 평강과 희락이라"(롬 14:17). 이러한 감정은 하나님과 인간의 관계에 중요하다: "...이로써 그리스도를 섬기는 자는 하나님께 기뻐하심을 받으며 사람에게도 칭찬을 받느니라"(롬 14:18). 바울은 그리스도인들이 이러한 감정을 그들 자신의 목적으로 추구하라고 제안한 것이 아니다. 진정한 영성(靈性)은 결코 이기주의적인 것이 아니며, 그렇기에 성숙한 그리스도인들은 그들이 얻을 수 있는 감정의 유익을 위하여 그리스도를 섬기지 않는다. 감정의 만족을 위하여 하나님을 섬기는 사람들은 종교적 쾌락주의자들이거나, 십자가의 요한(John of the Cross)이 묘사하였듯이, "영적 탐욕자들"이다.

긍정적인 감정은 기본적으로 두 가지 면에서 의미 있는 생활을 위하여 사람의 잠재력을 일으킨다. 첫째, 긍정적인 감정은 사람이나, 사물, 그리고 여러 상황에 대하여 우리로 하여금 잘 파악하게 해 주는데, 특히 다른 사람들에게 있는 적극적인 요소들과 여러 상황 안에 있는 긍정적인 요소들에 대하여 잘 파악하게 한다. 긍정적인 감정은 우리로 하여금 보다 명확하게 사물을 파악하게 도와 주는데, 그 원인은 우리의 마음에서 감정적 갈등이 적은 만큼 우리가 눈으로 보는 것을 "집중적으로 파악할 수" 있기 때문이다. 우리는 우리의 내적 심리 상태에 따라서 눈으로 보는 것을 대부분 결정한다. 사랑하는 마음만이 다른 사람들에게 있는 사랑을 본다. 마치 예술가들이 다른 사람들이 보지 못하는 예술의 형태를 보고 음악가들이 다른 사람들이 놓쳐 버린 음악의 의미를 파악하는 것처럼, 긍정적인 감정을 가진 그리스도인들은 인생에서 다른 사람들이 간과해 버린 긍정적인 것들을 찾아낸다.

둘째, 긍정적인 감정은 우리로 하여금 긍정적 가치관을 추구할 수 있는 강력한 동기를 부여해 준다. 사람의 감정적 생활에 영향을 주는 것이야말로 그에게 매우 큰 영향을 끼친다. 우리들 대부분은 이성보다는 감정에 의해서 더 많은 영향을 받는다. 감정(emotion)과 동기 부여(motivation)는 "움직이다"(to move)는 뜻을 지닌 모베레(movere)라는 라틴어를 공통의 어원(語源)으로 삼고 있다.

윌리엄 제임스는 감정이 결여된 "냉정한 인식"은 우리에게 거의 영향을 미치지 못한다고 말했다. 그는 감정 없는 우리야말로 완전히 수동적이고도 냉정하게 될 것이라고 말했다—너무 강한 표현인지 모르지만: "가능하다면, 현재 당신에게 영감(靈感)을 일으켜 주는 모든 감정이 갑자기 박탈당한 당신 자신의 모습을 생각해 보라. 그리고 당신 자신을 존재하는 그대로를—당신이 호의적이든 아니든, 희망적이든 아니든 어떤 논평도 없는 당신 자신을—상상해 보라. 당신이 그와 같은 부정(不定)과 죽음의 상태를 이해하기란 거의 불가능할 것이다. 그렇게 되면 어떤 부분의 우주도 의미를 지니지 못할 것이며; 그 우주 안에서 발생하는 어떤 사건과 사물의 수집도 아무런 의미, 특성, 표현 및 전망도 없게 될 것이다."[1] 주로 바울에 의해서 강조된 긍정적인 감정은 사랑, 평화, 기쁨이다. 바울은 그런 것들이 그리스도인의 생활에 본질적인 요소라고 간주했다. 우리는 그 감정을 하나씩 살펴볼 것이다.

인생을 부요하게 만드는 사랑

사랑은 인생에서 매우 건설적인 능력 가운데 하나로, 바울의 표현을 빌리면, "사랑은 세우는 것"이다(고전 8:1). 예수님도 사랑을 인생의 핵심적 문제로 부각시키셨다(막 12:29-31). 헨리 드러몬드(Henry Drummond)는 사랑이 "세상에서 가장 위대한 것"이라고 말하였다. 블랑톤 스마일리(Blanton Smiley)는 "사람은 사랑하든지 죽든지" 둘 중 하나라고 말하였다. 알버트 아우틀러(Albert C. Outler)는 "분석 치료란 본질적으로 환자로 하여금 사랑할 수 있는 가능성을 다시 회복시키려는 시도"라는 글을 썼다.[2]

성령은 하나님의 사랑을 우리에게 주시므로 우리의 사랑을 넓고 깊게 만드신다. "...우리에게 주신 성령으로 말미암아 하나님의 사랑이 우리 마음에 부은바 됨이니"(롬 5:5). 기독교의 사랑은 기독교가 탄생되었을 때 세상에 알려져 있지 않았다. 헬라어는 풍부한 어휘에도 불구하고 그 사랑을 표현할 수 있을 만큼 충분한 단어를 가지고 있지 않았다. 헬라 사람들은 심미적(審美的) 사랑에 대한 용어와 가족과 친구 사이의 사랑에 대한 용어를 가지고 있었으나, 그 두 용어는 믿는 자들의 마음 속에 있는 하나님의 사랑을 표현하기에는 너무나 작았다. 이 문제를 해결하기 위하여 초기 그리스도인들은 *아가페*라는 단어에 새로운 의미를 부여하였다. 그리하여 그 단어는 "다시 태어나게" 되었고, 신약 성경에서 그 단어와 파생어가

1 *Varieties of Religious Experience*, p. 147.
2 *Psychotherapy and the Christian Message* (New York: Harper, 1954), p. 202.

약 250회나 사용되고 있다.

　기독교의 사랑을 이해하기 위하여 우리는 하나님의 사랑을 이해해야만 한다. 하나님은 죄인을 사랑하셨는데, 그것은 인간이 착하거나 사랑스럽기 때문이 아니라, 하나님의 성품이 사랑이시기 때문이다. 요한은 "하나님은 사랑이심이라"고 말할 때 이 점을 설득력 있게 강조하였다(요일 4: 8). 이것은 하나님의 속성(屬性)에 관한 커다란 계시이며, 그 사랑은 너무 장엄해서 우리는 쉽게 이해하지 못한다. 다드(C. H. Dodd)는 요한이 이런 간단한 표현으로 신학에 두드러진 공헌을 이루었다고 말했다.

　기독교의 사랑은 감정 뿐만 아니라 생각까지 포함하는데, 다음의 세 가지 요소로 구성되어 있다: (1) 존경(respect)과 존중(esteem); (2) 정서(sentiment)와 감사(appreciation)—사랑의 느낌; (3) 상호 관계(mutuality).

　다른 사람에 대한 존경은 인생을 고상하게 한다. 아가페라는 헬라어는 다른 사람들에 대한 "존경"과 "존중"을 강조하는 매우 이성적(理性的)인 요소를 지니고 있다. 그 사랑은 다른 사람의 현재의 실존이나 미래의 변화에 대한 가능성에 대한 이성적 감사를 암시한다. 그 사랑은 사람들의 도덕적 가치에 대한 우리의 시인을 암시한다.

　다른 사람에 대한 존중은 감정적으로는 느낄 수 없으면서도 가질 수 있는 원수에 대한 그리스도인의 사랑에서 볼 수 있다. 그러나, 그리스도인은 그에게 잘못을 행한 사람들에 대해서도 진정한 사랑을 가질 수 있는데, 그들도 역시 존엄(尊嚴)한 인격을 가지고 있기에 그리스도인이 그들의 행복을 기원할 수 있다는 점에서 그렇다.

　우리가 다른 사람을 존중할 때 우리는 인격적으로 성장한다. 우리는 인격과 인품(人品)을 존중하는 사람들과 함께 시간을 보내면서 우리의 관심사가 확대된다. 우리가 "원수"의 인격을 존중하며 또 그들의 복지(福祉)를 위하여 기도할 때 우리는 내적인 능력을 키우게 된다.

우리가 다른 사람들에게 표시하는 존경은 우리에게 되돌아 올 것이다. 우리가 그들의 좋은 성품을 존중할 때, 그들도 보답으로 우리의 성품을 존경할 수 있을 것이다. 그렇게 함으로 성장의 분위기가 일어난다. 우리는 무가치하다는 느낌에서 해방된다. 그뿐 아니라, 다른 사람들에 대한 우리의 존중은 우리 자신에 대한 우리의 존중으로 연결된다. 다른 사람들의 인품을 인정할 때 우리는 하나님이 주신 우리의 인품에 대해서도 감사하게 된다.

사랑의 정서는 인생을 심오(深奧)하게 해 준다. 사랑에 대한 순수한 정서나 느낌은 사람이 가지고 있는 깊은 욕구를 해결해 준다. 그런 느낌은 소속감은 물론 우리를 필요로 한다는 느낌을 높여 준다. 그런 느낌은 우리 안의 가치 있는 관심사를 일깨우고 또 우리가 사랑하는 사람들을 도울 수 있는 동기를 우리에게 부여한다. 그런 느낌은 오래 참음, 자비, 양선, 충성, 온유, 절제와 같은 풍성한 열매를 맺는다(갈 5:22-23 참조).

우리는 사람만 아니라, 자연, 예술, 음악과 같은 것들에도 "사랑의 정서"를 가질 수 있으며, 이런 정서는 인생을 풍요롭게 한다. 사무엘 브렝글(Samuel L Brengle)은 어느 날 아침 "예수님의 말씀"에 대하여 읽은 경험을 말했다. 그는 깊은 감동을 받아서 보스턴 공원으로 산보를 나갔다. 그는 그의 감정을 이렇게 말했다: "오 내가 얼마나 사랑했던가! 그 때 나는 예수님을 알게 되었고, 예수님을 너무나 사랑한 나머지 내 마음은 사랑으로 깨어지는 것처럼 느꼈다. 나는 참새를 사랑했고, 개를 사랑했고, 나는 말을 사랑했고, 길거리에 있는 어린 개구장이를 사랑했고, 나를 지나쳐 가는 낯선 사람을 사랑했고, 예수님을 알지 못하는 사람들을 사랑했다—나는 온 세상을 사랑했다."3)

사랑의 정서는 우리를 풍요롭게 하는데, 그 이유는 그 정서가 우리로 하여금 사랑스러운 것들을 볼 수 있게 하기 때문이다. 하나님은 우리가 "무엇에든지 참되며, 무엇에든지 경건하며, 무엇에든지 옳으며, 무엇에든지 정결하며, 무엇에든지 사랑할만 하며, 무엇에든지 칭찬할만한 것..."을 보기 원하신다(빌 4:8). 사랑이 없는 사람은 색맹(色盲)과 같다; 그 사람은 세상에 있는 아름다운 많은 것들을 볼 수 없다.

상호 관계의 의식은 인생을 넓게 한다. 상호 관계의 의식은 많은 의미 있는 관계를 형성하게 함으로 인생을 넓혀 준다. 상호 관계는 아주 기본적으로 상호간의 경험 내지 공유된 경험을 가리킨다. 상호 관계는 소외, 고독, 고립의 상태에서 우리를 건져내기까지 한다. 아무도 고립되기를 원하지 않는다.

외로움은 인간의 정신을 위축(萎縮)시키고 또 억제시킨다; 교제는 인간의 정신의 성장을 돕는다. 우리가 공통의 관심을 갖는 사람들과 관계를 맺을 때 우리의 생각과 정신은 넓어진다. 그리할 때 우리는 생각을 교환하기보다는 "영혼을 교환"한다고 말할 수 있다. 상호 관계에서, 우리 친구들의 생각은 우리의 생각이 될 수 있으며, 그들의 통찰력은 우리에게 진리가 될 수 있고, 그들의 감정은 우리의 감정을 바꿀 수 있다. 어떤 훌륭한 사람이 그의 성공의 비밀에 대한 질문을 받자, 그는 "친구가 하나 있었습니다"라고 대답했다.

성령은 기독교의 접대를 받아들일 수 있는 모든 사람들에게 베풀 수 있게끔 우리를 도우신다. 성령은 우리로부터 분리된 것처럼 보이는 사람들

---

3 *Helps to Holiness* (London: Salvationist, 1955), p. ix.

에게서 상호 관계의 토대를 찾게 도와 주신다. 성령은 우리로 하여금 예수님의 가르침대로 앞장 서서 이견(異見)을 해결할 수 있게 하여, 그 결과 원수를 친구로 바꿈으로 우리의 인생을 넓히도록 도우신다. 성령은 우리로 하여금 형제애를 실천하도록 도우시는데, 그 이유는 하나님의 나라가 바로 위대한 형제애이기 때문이다.

사랑 안에 있는 상호 관계는 우리로 하여금 자신을 내어 주기를 요구하며, "자기 만족의 사랑"을 넘어 "박애의 사랑"으로 갈 것을 요구한다. 성령은 우리로 하여금 갈보리의 태도—적극적으로 박애를 베풀기를 구하며, 다른 사람들에게 선을 행하기 위하여 십리를 가고자 하는 태도—를 갖게 도와 준다.

인생을 안정시키는 평화

평화는 지극히 건설적인 감정이다. 바울은 기독교의 평화가 그의 생애에서 너무나 의미심장하기 때문에 평강을 "모든 지각에 뛰어난" 것이라고 말했다(빌 4:7). 하나님의 평강은 그로 하여금 인생의 모든 상황에서 만족할 수 있게 하였다(빌 4:11).

평화는 그리스도인의 생활에 기초가 되는 감정이다. 예수님이 탄생하실 때, 그리스도가 세상에 평화를 주러 오셨다고 천사들은 선언하였다(눅 2:14). 바울은 의와 기쁨을 수반한 평강이 하나님의 나라에 기초가 되는 요소라고 하였다(롬 14:17). 그는 화평이 성령의 열매 가운데 하나라고 언급하기도 했다(갈 5:22).

두 가지 주류(主流)의 사고가 합쳐져서 평화라는 기독교의 개념을 형성하였다: 조화라는 헬라의 개념과 개인의 복지라는 히브리 개념. 이런 개념에 기초해서 다른 두 가지의 개념이 파생된다: 하나님과의 화목과 믿는 자의 생활 가운데 있는 하나님의 임재가 그것이다. 그리스도인은 그의 죄

문제를 합리화, 거부 그리고 억압이라는 심리적 과정에 의해서 해결하려 하지 않는데, 왜냐하면 그 결과는 고여 있는 더러운 연못의 "평온"과 같은 것이기 때문이다. 진정한 그리스도인의 평화는 시냇물이 흐르는 깨끗한 연못과 같다.

그리스도인의 평화는 투쟁과 역경이 없는 소극적인 기쁨을 의미하지 않는다. 그 평화는 "에피큐리언(쾌락주의자)의 침착, 스토익(금욕주의자)의 냉담 내지 신비주의자들의 침묵이 아니다."4) 신비주의자라고 할 수 있는 프랑스와 페넬롱(Francois Fenelon)은 이렇게 말했다, "진정한 평화는 무활동(inaction)에서 오지 않고, 하나님이 우리를 통해서 활동하시게 할 때 온다."5)

그리스도인의 평화는 하나님의 은혜의 선물이다. "은혜는 복음의 처음과 마지막 단어이다; 그리고 평화—완전한 영적 건강—는 은혜의 완성된 역사이다."6) 바울은 그의 거의 모든 서신을 "은혜와 평강"의 인사로 시작하였다.

평화와 적의(敵意). 우리가 우리의 인생 문을 하늘 아버지의 사랑을 향하여 열어놓을 때, 하나님께 대한 적의 대신에 하나님의 평화가 깃든다. "원수"였던 하나님은 "우리를 사랑하시는 아버지" 하나님이 되신다. 하나님과의 평화는 우리의 인생에서 심각한 긴장을 제거한다. 그 평화는 우리로 하여금 하나님을 대적하게 만들었던 죄책감과 불안을 제거한다. 적의가

---

4 Raymond T. Stamm, "Galatians: Introduction and Exegesis," in *The Interpreter's Bible*, ed. George L. Buttrick, 12 vols. (Nashville: Abingdon-Cokesbury, 1951-1957), 10:567.

5 *Guide to True Peace* (New York: Harper, 1946), p. xi.

6 James Denney, *The Second Epistle to the Corinthians* (London: Hodder and Stoughton, 1894), p. 11.

제거된 사실은 신성모독의 죄인이 변화되어 그 대신 하나님을 찬양하는 모습에서 분명히 나타난다.

하나님과의 화해를 통해서 오는 내적 평화는 이웃과의 관계에 깊은 영향을 준다. 다시 말해서, 알지 못하는 사이에 우리는 우리 개인의 상황에 평화를 가져온다. 내적 평온과 평정(平靜)은 우리로 하여금 인간 사이의 문제들을 평온하게 바라보며, 스트레스를 실제적으로 보며, 개인적인 차이를 창조적으로 처리할 수 있게 해 준다. 우리의 모든 죄를 용서하신 하나님께 대한 깊은 감사의 마음 때문에 우리는 하나님이 우리를 용서하신 것처럼 다른 사람들을 용서한다. 그리스도인의 평화는 언제나 조화로 드러난다. 내적으로 조화를 느끼면 우리도 다른 사람들과 조화를 이루며 살 수 있다. 순종을 통하여 하나님과 조화를 유지하며, 형제애를 통하여 다른 사람들과 조화를 누리며, 진실을 통하여 자신과 조화를 누린다.

평화와 염려. 그리스도인의 평화는 염려에 대한 효과적인 치료법인데, 그 이유는 평화가 영적 능력이라는 자각에서 일구어지며 적절한 영적 자원을 하나님이 제공하신다는 깊은 개인적 인식에 뿌리를 두고 있기 때문이다. 바울은 육체의 가시라는 염려로부터 해방되었는데, 그 이유는 하나님이 "내 은혜가 네게 족하다..."고 그에게 확신을 주셨기 때문이다(고후 12:9).

바울은 평화가 믿는 자들의 믿음과 생각을 지키는 파수꾼이라고 언급하였다. 제랄드 크래그(Gerald R. Cragg)에 의하면, 이것은 "밖으로는 원수에 의하여 포위되고, 안으로는 종종 문제를 일으켜서 신뢰할 수 없는 주둔군이 지키는 성채의...모습"을 암시한다. "이런 상황에서 원수를 굴복시키고 주둔군을 훈련시키는 것은 다름 아닌 '하나님의 평화'이다."[7]

어떤 심리학자들이 언급한 것처럼, 그리스도인의 평화는 "마음의 평화,"

---

7 "Romans: Exposition," in *The Interpreter's Bible*, 9:452.

곧 점증하는 자기 이해와 자기 수용을 통하여 생기는 염려로부터 객관적으
로 해방되는 것 이상의 것을 포함한다. 그리스도인의 평화는 근심을 쫓아
버리는데, 평화란 하나님의 임재로부터 발하는 것이기 때문이며, 평화를
통하여 그리스도인은 하나님과 접촉하기 때문이다.

인생을 튼튼하게 하는 기쁨

성령은 초대 그리스도인들로 하여금 역경의 시간, 곧 개인적 징계의
시간, 개인적 상실과 고난의 시간에도 기뻐할 수 있게 해 주셨다. 바울은
그리스도인들이 "항상...", 다시 말해서, 인생의 모든 상황에서도 "기뻐하
라"고 말했다(빌 4:4). 이것이 가능한 것은 부활의 그리스도가 우리와 함
께 하시면서 우리에게 인내의 자세를 주셨고 "분노 속에서도 참을 수 있
게" 하셨기 때문이다. 바울은 슬픔과 기쁨이 함께 존재하면서, 인생의 창
조적 통합을 이룰 수 있다는 것을 알았다. 바울은 고린도후서에서 그가
겪은 가장 큰 고난들을 나열한 후, 이렇게 말했다. "근심하는 자 같으나
항상 기뻐하노라"(6:10). "기쁨은 슬픔을 대신하지 못하나," 슐라이에르
마허(F. Schleiermacher)는 말했다, "그러나 그 둘은 인간의 실존 자체
에 퍼져 있다."

역경 중에서도 누리는 그리스도인들의 기쁨은 그들이 역경을 거부하고
합리화하는 데서 오는 것이 아니라, 성령의 내적 임재에서 온다. 그리스도
인의 기쁨의 근거는 그의 안에 있는 성령이다; 그리스도인의 기쁨의 증거
는 성령이 그로 하여금 모든 역경을 대처할 수 있게 하리라는 확신이다.
초대 그리스도인들은 강했는데, 그 이유는 성령이 그들에게 다음과 같은
고무적인 생각들을 주셨기 때문이다—그들은 죄책감과 죄의 짐에서 해방
되었으며, 하나님의 영원한 목적을 이루기 위하여 그분과 동역(同役)하도
록 부르심을 받았으며, 하나님이 부르신 삶을 영위할 수 있는 능력을 그들에

게 주실 것이다. 그들은 윌리엄 워즈워스의 말처럼, "고무된 생각들로 기뻐" 뛰게한 "임재를 느꼈다." 윌리엄 펠프스(William Lyon Phelps)가 말한 대로, 가장 행복한 사람은 가장 흥미있는 생각들을 가지고 있는 사람이다.

초대 그리스도인들은 건강한 영적 강인(强忍)을 지니고 있었는데, 그 이유는 그들이 당하는 고난의 의미를 알았기 때문이다. 바울과 실라는 비참한 지하 감옥에서도 찬송을 불렀는데, 그들이 그리스도의 사역을 감당하고 있다는 것을 알았기 때문이다(행 16:25). 바울은 기쁨의 서신인 빌립보서를 사형 집행을 기다리며 감옥에 있을 때 기록하였다. 그가 행복할 뿐 아니라 확신 가운데 있었던 것은 그리스도인들에 대한 그의 지속적 사역 때문에 그리고 부활의 그리스도와 함께 천국에 있을 소망 때문이었다(빌 1:12-26). 히브리서의 그리스도인들이 그들의 소유가 없어지는 것을 기쁘게 받아들인 이유는 "보다 좋고 보다 영원한 것을 갖게 될" 믿음 때문이었다(히 10:34).

한 발 더 나아가서, 초대 그리스도인들은 고난 중에도 의지를 굽히지 않았는데, 그 이유는 고난이 개인의 성품—영원한 가치를 지닌 성품—을 이루는데 도움이 된다고 믿었기 때문이었다. 베드로는 이렇게 기록하였다, "너희가 이제 여러 가지 시험을 인하여 잠깐 근심하게 되지 않을 수 없으나 오히려 크게 기뻐하도다. 너희 믿음의 시련이 불로 연단하여도 없어질 금보다 더 귀하여 예수 그리스도의 나타나실 때에 칭찬과 영광과 존귀를 얻게 하려 함이라"(벧전 1:6-7). 바실(Basil)도 다음과 같이 비슷하게 관찰하였다. "시합이라는 수고를 통하여 운동 선수가 면류관을 쟁취하듯, 환난과 시험을 통하여 그리스도인들은 완전으로 나아간다—만일 우리가 주님이 주시는 것을 인내와 감사로 받아들이기만 한다면 말이다."[8] 그

---

8 *Letters*, tr. A. C. Way, 2 vols. (Washington, D. C.: Catholic University of America, 1951), 1:225.

리스도인이 프랑시스 드 살레(Francis de Sales)의 말처럼 "하나님이 어떤 것이든 우리에게 미덕(美德)의 시험을 허락하실 때 반드시 우리가 그 시험을 통하여 유익을 얻게 하기 위함이라"는 것을 믿는다면, 그는 기쁨을 유지할 수 있을 것이다.

결   론

성령은 그리스도인들로 하여금 긍정적인 감정을 갖게 함으로 그들을 감정적으로 적합하게 변화시키고자 하신다. 이런 감정은 인간의 생활을 유지시켜 주며 동시에 우리로 하여금 완전하고 그리고 효과적으로 살 수 있게 도와 준다. 반면, 부정적인 감정은 인생을 짐스럽게 그리고 비생산적으로 만드는 경향이 있다. 긍정적인 감정은 우리로 하여금 어려운 상황에서도 흔들리지 않게 도와 준다. 그런 감정은 인생을 낙관적으로 대하게 하며, 그 결과 우리는 자신감을 가지고 살게 된다. 그런 감정은 죄와 염려라는 안개를 깨끗이 지워버림으로 우리는 가치 있는 대상과 인생의 지속적 가치를 분명히 깨달을 수 있다. 그런 감정은 우리의 관심을 넓게 하며, 우리의 감정을 깊게 하며, 우리의 열정을 증가시키고, 우리에게 인생을 위해 필요한 힘을 준다. 느헤미야가 말한 것처럼, "...근심하지 말라, 여호와를 기뻐하는 것이 너희의 힘이니라"(느 8:10).

토의를 위한 질문

1. 바울은 사랑을 성령의 첫 열매라고 명명(命名)했다. 당신은 바울이 사랑을 다른 모든 열매의 선구자라고 생각했다고 생각하는가? 사랑은 긍정적 감정에서 가장 중요한 것인가?
2. 그리스도인의 사랑은 다른 사람의 사랑과 다른가? 만일 그렇다면 어떻게 다른가?
3. 때때로 그리스도인들은 다른 사람들에게 사랑을 가지고 있지 않다고 말한다. 그리스도인들은 자신의 사랑을 증가시키기 위하여 무엇을 할 수 있는가?
4. 그리스도인이 친구에 대하여 갖는 사랑과 그의 "원수"에 대하여 갖는 사랑 사이에는 어떠한 차이가 있는가? 그렇다면 무슨 차이인가? 원수에 대한 사랑은 진심일 수 있는가?
5. 어떤 유명한 목사가 "새로운 애정의 폭발적 능력"이라는 제목으로 훌륭한 설교를 하였다. 사랑은 항상 적의를 대신하는가? 사람은 그가 사랑하는 사람에게 적의를 품을 수 있는가?
6. 그리스도인의 평화에서 기본적인 요소는 무엇인가?
7. 유전된 기질은 그리스도인이 성인으로서 얼마나 많은 평안을 가질 수 있는지를 부분적으로나마 결정하는가?
8. 초대 그리스도인들은 당시 지배적인 기쁨의 개념에 어떤 새로운 요소를 첨가했는가? 지금도 여전히 믿는 자들의 기쁨과 불신자의 기쁨 사이에 차이가 있는가?
9. 불신자들은 그리스도인들이 기쁨을 가지고 있는 사람들로 간주한다고 생각하는가? 왜 그러한가?
10. 기쁨은 쾌락과 차이가 있는가?

11. 사람이 다음 세 가지의 기본적인 인생의 문제를 해결하면 행복할 수 있다는 것이 사실인가: 직업, 결혼 배우자, 종교적인 믿음? 왜 그런가?

제 2 부

성령은 우리의 경건 생활을 강화시키신다

5

성령은 우리가 진리를 깨달을 수 있게 하신다

예수님은 성령의 사역 가운데 우리를 진리로 인도하는 사역이 중요하다고 가르치셨다. "진리의 성령이 오시면 그가 너희를 모든 진리 가운데로 인도하시리니..."(요 16:13; 동시에 14:26; 15:26; 16:7-15 참고). 윌리엄 바클레이(William Barclay)는 이 구절을 "성경 전체에서 가장 중요한 본문 중 하나"라고 하였는데,1) 그 이유는 진리의 지식이 우리 그리스도인의 생활에 핵심이 되기 때문이다.

심리학이 강조하는 대로, 우리의 생활 양식은 우리의 깨달음에 크게 좌우된다. 대부분, 현재의 우리는 과거의 우리가 이미 깨닫고 그리고 현재에 깨닫고 있는 것의 결과이다. 행동의 변화는 우리의 깨달음의 직접적인 결과이다.

영적 진리에 대한 깨달음이 깊지 못하면 그리스도인으로서 우리의 생활도 깊지 못하다. 우리가 영적 진리를 잘못 깨달으면 우리의 생활도 오류(誤謬) 위에 세워지게 된다. 우리 그리스도인의 성장은 우리가 진리를 갈수록 많이 깨닫는 데 달려 있다. 히브리서를 전해 받은 그리스도인들은 성장을 중단했는데, 그 이유는 그들이 영적으로 깨닫지 못하기 때문이었다(히 5:11). 그들은 영적 지식의 부족 때문에 영적으로 아이들이었으며 동시에 지진아(遲進兒)였다(히 5:12-14).

성령은 우리의 마음을 조명(照明)하심으로 우리로 하여금 성경에 있는

---

1 *The Promise of the Spirit* (Philadelphia: Westminster, 1960), p. 40.

진리를 깨달을 수 있게 하신다. 성령은 우리에게 새로운 진리를 이해할 수 있도록 도와 주신다; 성령은 우리에게 잘 알려진 진리를 보다 깊이 볼 수 있도록 도와 주신다. 종교 개혁자들은 성령의 인도야말로 성경 해석에 필수적이라는 것을 분명히 이해했다. 마틴 루터는 성경이 하나님의 말씀으로 가득 차 있는 큰 바다이며 성령은 그 진리 속으로 우리를 인도하신다고 말했다. 존 칼빈(John Calvin)은 이렇게 말했다, "[하나님의] 말씀은 모든 것을 비추는 해와 같다...그러나 그것은 소경에게는 아무 소용이 없다....그러므로 내적 선생인 성령이 조명의 능력으로 말씀의 문을 열어 주지 않으신다면 말씀은 우리의 마음을 파고 들어올 수 없다."2) 벨기에 고백(Belgic Confession)에 의하면, 성령의 도우심이 없이는 누구도 성경을 깨닫지 못하는 것은 물론 굴복할 수도 없다.3)

인간의 깨달음에 대한 성령의 관심

하나님의 말씀의 저자인 성령은 인간이 성경에 있는 거룩한 진리를 깨달을 수 있게 계획하셨다. 성령은 성경의 저자들로 하여금 인간의 실제 경험에서 많은 자료를 사용하도록 인도하셨다. 그러나, 거룩한 진리를 계시하기 위하여 삼위의 하나님이 하신 일은 이것만이 아니었다. 하나님은 그리스도를 한 인간으로 세상에 보내어 인류에게 하나님의 속성을 보여 주셨다. 그리스도의 성육신은 하나님의 두 가지 관심—인간의 구속과 그에 대한 하나님의 사랑—에서 비롯되었다. 인간이 되신 예수님의 기록은 성경에서만 찾을 수 있다.

---

2 *Institutes of the Christian Religion*, tr. Henry Beveridge (Grand Rapids: Eerdmans, n.d.), 3, 2, 34.
3 5항.

성경에 기록된 인간의 실제 경험. 성경에 등장하는 남녀는 인생을 극화(劇化)하기 위하여 가상의 무대 위로 등장하는 허구적인 인물들이 아니다. 뿐만 아니라 그들은 아무 경험도 없이 말만 하는 이상주의자들도 아니었다. 오히려, 그들은 인생의 여러 가지 문제들을 코앞에 둔 실제의 인물들이었다. 어떤 때는 그들이 성공하였으나; 어떤 때는 실패하였다. 보디발의 집에서 유혹을 받던 젊은 요셉은 우리에게 고결한 인격의 가치를 보여 준다. 다윗과 요나단은 우리에게 진정한 우정이란 개인적인 이익의 추구보다 훨씬 가치 있는 것임을 말해 준다. 반면에, 예수님이 십자가에 처형당하시기 전날 밤 베드로가 당한 유혹은 우리 모두가 가지고 있는 인간의 연약함을 깨닫도록 도와 준다.

성령은 성경의 많은 저자들로 하여금 그들의 가장 깊은 경험들을 솔직히 나누도록 인도하셨다. 특히 시편의 기자들은 그들의 염려와 좌절감, 그들의 적의와 하나님으로부터 고립된 느낌, 그들의 죄책감과 용서에 대한 깊은 열망 등을 서슴지 않고 언급하였다. 그들은 낙심과 패배의 느낌에 대하여 기술하였다. 반면에, 그들은 우리를 위하여 믿음을 통해 얻은 개인의 승리, 그리고 열망과 기쁨에 대해서도 기술하였다. 그들의 인생은 비록 여러 세기 전에 있었지만, 그래도 지금 우리에게 말씀하는 바가 적지 않다. 인간의 감정은 질적으로 변화되지 않았다.

그리스도의 성육신과 인간의 깨달음. 우리가 거룩한 진리를 깨닫기를 바라는 하나님의 마음은 성육신에서 극적으로 나타난다. 그리스도는 이렇게 말씀하셨다, "...나를 본 자는 아버지를 보았거늘..."(요 14:9). 하나님의 아들이 인간이 되어 인간들 가운데 사신 것은 우리로 하여금 하나님의 성품을 깨닫게 하기 위함이었다.

인류는 추상적 선(善)을 믿는 것이 쉽지 않다는 것을 잘 알고 있었다.

예수님은 갈릴리에서 귀신들을 쫓아내고, 병자들을 고치며, 죽은 자를 살리는 여러 가지의 사역을 하면서 거룩한 선을 깨닫기 쉽게 만드셨다. 그분은 죄가 없으시고(요 8:46), "은혜와 진리가 충만한" 분이었다(요 1:14). 한 곳에서는 베드로가 그리스도의 사역을 다음과 같이 묘사하였다: "...저가 두루 다니시며 착한 일을 행하시고 마귀에게 눌린 모든 자를 고치셨으니 이는 하나님이 함께 하셨음이라"(행 10:38).

인간이 되신 그리스도는 하나님의 사랑을 너무나 분명히 입증하시어서 누구나 그 사랑을 볼 수 있었고, 그리고 마침내 우리의 죄를 위하여 십자가 위에서 죽으셨다. 그리스도의 십자가는 인류를 향한 하나님의 무한한 사랑의 보증이었다.

새로운 생명을 통한 새로운 깨달음

일반적으로 독자의 성격에 따라서 그가 성경에서 무엇을 보는지 그리고 그것을 어떻게 보는지를 결정한다. 이미 언급한 대로, 심리학은 이렇게 강조한다, "우리는 사물을 있는 그대로 보지 않고 우리의 안목에 따라 본다." 어느 고대의 철학자는 이렇게 관찰하였다, "눈과 귀는 미개한 영혼의 소유자들에게는 나쁜 증거이다." 예수님의 말씀을 들은 군중들은 그의 메시지를 이해하지 못했는데, 그 이유는 그들의 마음이 둔하기 때문이라고 말씀하셨다: "저희가 보아도 보지 못하며 들어도 듣지 못하며 깨닫지 못함이니라"(마 13:13).

바로 여기에서 성령은 우리를 도우신다. 성령은 우리 안에 새로운 생명—영적 진리를 좋아하는 생명—을 창조함으로 영적 진리를 깨달을 수 있도록 준비시키신다. 이런 생명 때문에 우리는 진리를 추구하게 되며 또한 영적 실제를 깨닫게 된다. 우리는 육체가 음식을 추구하는 것처럼 반드시 양식으로 진리를 추구한다.

사람이 성경을 읽고 깨달으면 개인적인 영적 갱신이 필연적인데, 그 이유는 영적인 것은 영으로만 이해될 수 있기 때문이다. 지식은 참여를 전제로 한다. 영혼이 거룩한 생명을 소유하고 있지 않으면 거룩한 진리를 거의 알 수 없다. 우리의 영혼이 하나님의 형상을 닮는 것만큼 우리는 하나님의 말씀에서 그만큼 많은 진리를 파악할 것이다. 지식은 긴밀한 관계에 비례하는 것이 보통이다.

영적 지도자들의 발언. 독일의 종교 개혁을 처음부터 지지하던 어떤 사람은 기록된 말씀인 성경을 읽는 사람은 살아있는 말씀인 그리스도를 알아야만 된다고 강조하였다. "만일 사람이 영적인 것들을 이해하고, 바로 알고 판단하려면, 그는 성경에 거룩한 빛을, 문자에 성령을, 그림에 진리를, 그리고 창조된 작품에 창조주를 모셔 와야 한다.... 요컨대, 성경을 이해하기 위하여 그는 새로운 사람이 되어야 한다; 그는 성경을 반포하신 그리스도 안에 있어야 한다."[4] 다른 독일의 종교 개혁자, 세바스챤 프랑크(Sebastian Frank)는 다음과 같이 말하였다: "[진리의] 성전 안에 있는 것을 알기 원하는 사람은 밖에 서서 사람들이 하나님에 관하여 읽고 말하는 것을 듣기만 해서는 안 된다....그는 반드시 안으로 들어가서 몸소 경험해야 한다."

칼빈은 이렇게 기록하였다, "영혼이 그분[하나님의 영]으로 조명될 때, 소위 새로운 눈을 얻어, 이전에는 어지럽게 보였던 광채에 의해 하늘의 신비를 묵상할 수 있게 된다. 그러므로 인간의 지성(知性)이 성령의 빛으로 비추일 때 비로소 그 지성은 하나님의 나라에 속한 것들을 맛보기 시작한다; 이전에는 지성이 너무나 어리석고 무감각해서 그런 것들을 조금도

---

4 Rufus Jones, *Spiritual Reformers in the Sixteenth and Seventeenth Centuries* (Boston: Beacon, 1959), p. 74.

맛 볼 수 없었다."5)

존 웨슬리는 이렇게 말했다: 자연인은 "보이지 않는 세계에 대한 어떤 지식도 갖지 않는데, 그 이유는 그가 그 세계와 전혀 접촉하지 않기 때문이다. 물론 그 세계는 멀리 떨어져 있지 않다; 아니다, 그는 그 세계 가운데 존재한다. 그 세계는 그를 둘러싸고 있다....그러나 그가 하나님에게서 태어날 때, 다시 말해서 성령으로 거듭날 때, 그의 본질이 얼마나 변화되는가! 그의 영혼은 이제 온통 하나님을 인식하게 된다...."6)

어떻게 성령은 영적 깨달음을 증진시키는가. 성령은 영적 진리에 대한 욕구를 증진시킴으로 하나님의 말씀에 담겨진 진리를 깨달을 수 있는 마음의 자세를 증진시키신다. 우리의 집중력과 깨달음은 우리의 욕구에 의해 크게 좌우된다. 배고픈 사람은 음식에 관심을 갖는다; 외로운 사람은 사람들과 연관되기를 원한다; 음악 애호가는 그가 즐기는 음악을 추구한다. 우리 안에 있는 영원한 영혼은 하나님에 대하여 목말라 있기에 진리를 추구한다. 왜냐하면 영혼의 가장 기본적인 욕구가 바로 진리이기 때문이다. 지칠 줄 모르는 철학자가 진리를 열렬히 탐구하듯, 우리 안에 있는 불멸(不滅)의 영혼은 하나님의 말씀에 담겨진 것을 깨닫고자 애를 쓴다. 영혼은 이렇게 말한다, "빛을, 더 많은 빛을 달라."

성령은 우리의 약점을 드러내는 깊고도 급진적인 진리를 수용할 수 있는 용기를 갖게 도와 주신다. 성령은 이런 진리를 역행(逆行)하는 도피와 방어 자세를 피할 수 있게 도와 주신다. 우리는 말씀을 읽으면서 제자들처럼 종종 이런 말을 할 수도 있다, "이 말씀은 어렵도다. 누가 들을 수 있는가?"(요 6:60) 그러나 우리가 하나님의 진리를 거부한다면, 우리는 미완

---

5 *Institutes*, 3, 2, 34.
6 *Works*, 14 vols. (Grand Rapids: Zondervan, 1958-1959), 5:226.

성된 진리의 집에 안주(安住)하게 될 것이다. 만일 우리가 하나님의 진리를 받아들인다면, 우리는 보다 충만한 삶으로 나아갈 것이다. 키에르케고르는 인간의 큰 잘못 가운데 하나는 반쪽 진리를 듣는 마음이라고 말했다.

성령은 우리의 사고를 깊이 변화시킴으로 영적 진리에 대한 우리의 깨달음을 강화시킨다. 성령은 우리의 국지적(局地的)인 사고의 경계선을 넓혀서 성령의 영역을 포함시키신다. 우리가 인생의 바탕으로 삼는 진리란 궁극적으로 영적이지 육체적이 아니라는 사실과, 영적 실제에 대한 지식만이 저 세계에서 가치를 지닌다는 사실을 성령은 우리에게 보여 주신다.

성령은 초월에 대한 우리의 관심을 확대함으로 우리의 영적 깨달음을 증진시키신다. 우리는 우리의 인생을 영원까지 지속되는 연속체(連續體)로 이해하며, 이런 이해는 우리에게 청지기라는 큰 의식을 갖게 한다. 우리는 영적 가치가 근본이며, 그것만이 영원히 존재하리라는 것을 분명히 안다. 현세는 물론 내세에 대한 이런 관심은 우리로 하여금 성경에 담겨진 하나님의 진리를 추구하게 한다.

요하네스 에리게나(Johannes Scotus Erigena)는 다음과 같은 적절한 기도를 드렸다: "오, 주 예수여, 저는 다른 어떤 보상도, 다른 어떤 축복도, 다른 어떤 기쁨도 구하지 않습니다. 단지 성령의 영감(靈感)으로 기록된 당신의 말씀을 순수하게, 그리고 잘못된 억측(臆測)에 의한 오류 없이 이해하기를 구합니다. 거기에 진정으로 행복의 극치가 있고, 온전한 묵상의 목표가 있습니다. 그 너머에는 가장 순수한 영혼이라 할지라도 아무 것도 찾지 못할 것입니다. 왜냐하면 그 너머에는 아무 것도 존재하지 않기 때문입니다."

선택적인 깨달음을 피하라

우리 가운데는 성경을 읽을 때 선택적인 태도를 가지는 사람들이 있다.

우리에게는 무의식적으로 깨닫기 원하는 진리만을 받아들이려는 성향이 있다. 이러한 성향 때문에 우리는 어떤 진리는 즉시 그리고 분명히 보게 되는데 또 어떤 진리는 매우 어렵게 보거나 아니면 전혀 보지 못한다. 그런 성향 때문에 우리는 동의하지 않거나 관심 밖에 있는 진리에 대하여 방어를 하게 된다.

우리 가운데는 어려서부터 잘 아는 어떤 성경의 진리를 너무나 좋아한 나머지, 새로운 진리를 찾아내는 데 방해를 받는 사람들도 있다. 성경의 특정한 부분에 대해 향수를 품기 때문에, 우리는 다른 부분들을 소홀히 할 수 있다. 그리고 약간의 성경 지식으로 만족하게 되면 우리는 보다 완전한 지식을 습득하는 데 방해를 받을 수 있다. 우리는 등산을 하면서 정상 직전의 멋있는 지점에서 중단하기도 하는데, 정상에 오르면 훨씬 더 놀라운 경치를 즐길 수 있다는 사실을 모르기 때문이다.

때로는 성경을 잘 알기 때문에 우리는 새로운 진리를 볼 수 있는 가능성을 감소시킨다. 성경을 다시 읽는다는 것은 때때로 우리가 전에 이미 가본 길을 여행하는 것과 같다: 우리가 처음 여행할 때 가졌던 기대와 흥분은 사라져 버렸다. 마찬가지로, 우리는 성경의 위대한 사상을 읽을 때, 별로 감동을 받지 못한다. 위대한 사람들에 관하여 읽을 때에도 감명이 없다. 우리가 기적에 대해 읽을 때에도 우리는 그 안에 담겨진 하나님의 손길을 깨닫지 못한다.

우리는 우리의 선입견 내지 전통 때문에 우리가 보는 성경에 대하여 선택적이 될 수 있다. 그런 전통으로 인하여 성경의 어떤 구절은 굵은 글자로, 그리고 어떤 구절은 작은 글자로 인쇄하며, 우리는 흔히 작은 글자의 인쇄는 대수롭지 않게 읽거나 아니면 전혀 읽지 않는다.

성령은 우리의 선택적 태도를 줄이도록 돕는다. 성령은 진리에 대한 우리의 견해를 넓혀 준다. 성령은 성경의 진리가 그 진리에 대한 인간의 어떤 서술보다 훨씬 위대하다는 것을 우리에게 보여 주신다. 성령은 우리에게 잘 알려진 성경의 진리를 역동적으로 만들며, 그렇게 되면 우리는 보다 많은 진리를 추구하게 된다. 성령은 우리의 기독교 전통—성경의 진리에 기초한 전통—중 많은 것들에 대하여 감사하게 하지만, 동시에 우리로 하여금 "주님은 그분의 거룩한 말씀에서 알려 주실 진리를 아직도 많이 가지고 있다"는 깊은 느낌을 갖게 도우신다. 성령은 우리에게 성경이 거대한 진리의 대륙이며, 우리가 지금까지 탐험한 것은 아주 작은 부분에 불과하다는 것을 알려 주신다.

침체된 영적 기분에 대한 승리

성경의 진리를 깨닫는데 가장 큰 장애 가운데 하나는 침체된 영적 기분이다. 기분(mood)이라는 용어는 우리의 어떤 이성적-감성적 성향을 가리키는데, 그것은 우리의 지적 깨달음에 영향을 미친다. 영적 기분은 영혼이나 인간 정신의 성향을 가리킨다. 침체된 그리스도인의 기분은 영적 무관심과 무력증, 곧 감소된 열망과 열정이다.

세속화된 교육은 많은 우리를 침체된 영적 기분으로 유도하였다. 그 교육은 우리로 하여금 물질적인 것들, 세상의 것들, 그리고 일시적 가치만을 보도록 훈련시켰다; 그리고 이런 것들에 대한 지나친 관심은 침체된 영적 기분을 일으킨다. 예수님은 영적 진리의 깨달음이 "이생의 염려와 재리와 일락"에 의하여 파괴되고 있다고 말씀하셨다(누가복음 8장 14절과 21장 34절을 비교). 이생의 염려와 세속적 열락(悅樂)은 우리를 피곤하게 만들 수 있으며, 우리가 육체적으로 그리고 감정적으로 피곤한 채 하나님의 말씀 앞으로 나아올 때, 우리는 말씀에 담겨진 하나님의 진리를 깨달을 준비가 되어 있는 것은 아니다. 세상의 것들에 대한 지나친 관심은 염려를 일으킬 수 있으며, 이것도 역시 진리의 깨달음을 방해할 수 있다. 그런 관심은 더러운 안경과 같이 영원한 가치에 대한 우리의 시각을 흐리게 한다. 오늘날 세상적 착란(錯亂)의 문제는 과거보다 심각한데, 그 이유는 너무나 많은 관심거리가 우리의 주의를 끌고 있기 때문이다. 우리 모두는 많은 세상적인 유혹과 자극에 의해 포위되어 있다: "우리는 착란에 의하여 착란으로부터 착란되어 있다."

영적 깨달음의 침체는 우리가 하나님의 뜻을 수행하기 주저할 때에도 온다. 듣고 싶지 않은 것들을 듣지 못하는 학생들처럼, 우리는 때때로 어려운 임무를 이해하는데 느리다. 예수님이 갈릴리에서 말씀하신 것을 들은 많은 사람들은 그 말씀을 이해하지 못하였는데, 그 이유는 그들이 하나님의 뜻을 행하려는 갈망이 없었기 때문이다. 그들의 마음은 무디고 깨닫지 못하게 되었다. 우리가 하나님의 뜻을 행하기를 주저할 때, 우리의 마음은 우리도 모르는 사이에 이해라는 문에 파수병을 세우며, 그 파수병은 모든 괴롭히는 생각에 문을 닫는다. 깨달음을 가로막고 있는 파수병은 우리의 에고(ego)를 보호해 준다. 반면, 성령은 우리를 향한 하나님의 뜻이 변덕스러운 것이 아니라 우리를 위한 것임을 보게 도와 주시며, 따라서 우리의 마음은 하나님의 뜻을 받아들이게 된다.

보나벤투라(Bonaventura)는 이렇게 말한 적이 있다: 우리가 영적으로 침체되면, 우리는 "기름부음 없이 성경을 읽으며, 헌신 없이 묵상하며, 궁금증 없이 연구하며, 기쁨 없이 검토하며, 경건 없이 노력하며, 사랑 없이 알며, 겸손 없이 이해하며, 거룩한 은혜 없이 열심을 내며, 거룩하게 영감된 지혜 없이" 성경을 읽는다.7) 우리가 무디어질 때 성경도 무디어진다. 세상의 마음은 성경을 닫아버리고 그 진리를 우리에게서 숨긴다. 그러나 우리가 하나님의 뜻을 수행하기로 결단하면, 성경은 살아난다. 그런 때

---

7 *The Mind's Road to God*, tr. George Boas (Indianapolis: Bobbs-Merrill, 1953), p. 5.

에, 우리 안에 있는 "동편 창문들"이 열리고, 우리는 새로운 진리에 눈을
뜬다.

결   론

성령은 성경의 진리를 깨닫게 하기 위하여 여러 가지 방법으로 우리의
마음을 준비시키신다. 성령은 우리로 하여금 진리를 추구하게 하신다. 성
령은 우리로 하여금 깨닫게 하기를 원하시는 진리에 대해 열린 태도를 주
신다. 성령은 우리로 하여금 완전한 진리를 깨달을 수 있도록 편견—반쪽
진리를 깨달음—을 버리게 하신다. 성령은 우리를 염려에서 해방시키며,
우리를 조용하면서도 주의를 기울이게 하신다. 성령은 우리의 영적 감수
성을 증진시키신다. 성령은 우리의 직관적 능력을 강화시키신다. 성령은
진리를 기억하게 하시며, 그 결과 우리의 마음이 보다 깊은 진리를 깨달을
수 있도록 준비시키신다.

토론을 위한 질문

1. 예수님은 십자가에서 돌아가시기 전날 밤, 성령에 관하여 과거 어느 때보다 많이 말씀하셨다. 구체적으로 그 말씀들을 보려면 다음을 보라: 요한복음 14:16-18, 26; 15:26; 16:7-15. 성령이 진리를 계시하는 분이라는 개념은 위의 말씀 가운데 얼마나 분명하게 나타나는가?

2. 마태복음 13장 1절부터 17절까지에서 영적 깨달음에 대한 예수님의 가르침 가운데 핵심 요지는 무엇인가?

3. 당신은 우리의 깨달음이 우리의 내적 인격에 의해 깊이 영향을 받는다고 생각하는가? 어떤 의미에서 우리는 "사물을 있는 그대로가 아니라 우리의 안목에 따라" 이해하는가?

4. 염려는 우리의 깨달음에 어떤 영향을 끼치는가?

5. 적의는 우리의 깨달음에 어떤 영향을 끼치는가?

6. 당신은 성경을 읽는 동안 침체된 영적 기분을 극복하기 위하여 무엇을 하였는가?

7. 당신은 성경의 어떤 부분을 잘 알고 있기 때문에 그 안에 담긴 보다 깊은 진리를 깨닫는 일에 방해받은 사실을 경험한 적이 있는가? 그렇다면, 당신은 그 약점을 극복하기 위하여 무엇을 하였는가?

8. 성경을 잘 알기 때문에 보다 깊은 진리를 찾게 된 경우는 없는가?

9. 기독교의 교단적 전통을 수용하는 것에 진정한 가치가 있는가? 그렇다면, 구체적으로 어떤 가치를 제시할 수 있는가? 우리의 전통을 너무 배타적으로 수용하는 데 위험이 있다면 어떤 것인가?

6

성령은 우리가 성경을 읽도록 도우신다

클레어보의 버나드(Bernard of Clairvaux)는 성경을 통하여 하나님이 인간과 만나 주신다는 생각에 깊이 감동되었다. 그는 "하나님이 거룩한 성경에 자신을 숨기셨기에" 말씀을 읽는 자들이 그분의 성품을 깨달을 수 있다고 믿었다. 성경은 하나님과 사람이 만나는 곳이다; 성령은 열린 마음의 독자들을 거기서 만나시며 그들로 하여금 거룩한 진리를 깨닫게 도우신다.

조명된 말씀

거룩한 계시자는 믿음으로 성경을 읽는 모든 사람들에게 거룩한 조명자가 되신다. "하나님의 영은 성경을 기록한 사람들에게만 영감을 주시는 것이 아니라," 존 웨슬리는 말했다, "간절한 기도로 성경을 읽는 모든 사람들에게 끊임없이 영감을 주시며, 초자연적으로 도와 주신다."[1] 400여 년 전 네덜란드의 종교 개혁자인 덕 쿤하트(Dirck Coornhart)는 성경이란 성령의 빛을 비추는 초롱불과 같다고 말했다. 초롱불로서의 성경과 그 안에 있는 빛으로서의 성령은 영적 진리를 알고자 하는 사람들에게는 반드시 필요하다. 우리 모두는 우리가 처한 상황에 상관없이 성경을 읽을 때 희

---

1 *Explanatory Notes on the New Testament* (New York: Mason and Lane, 1839), p. 554. 딤후 3:16에 관한 이 주석을 행 7:38, 요 15:3 및 히 4:12의 주석과 비교하라.

미한 황혼에 앉아 있는 사람과 같다. 우리 모두는 성령의 빛으로 성경을
비추게 해야 한다.

성령의 조명의 특성. 우리는 성경의 거룩한 조명을 불가사의하여 실재
적인 것이 아닌 어떤 것으로 생각해서는 안 된다. 조명은 간단히 말해서
그리스도인들을 진리 가운데로 인도하는 성령의 역사이다(요 16:13). 영
감(inspiration)이란 "숨을 들여 마신다"(inbreathing)의 의미이며, 따
라서 그것은 영(spirit)과 같은 어원(語源)의 단어이다. 하나님은 성령의
사역을 통하여 인간의 영에 계속적으로 영감을 불어넣어 주신다. 성령은
깨우침(enlightenment)의 역사를 통하여 거룩한 의식을 우리에게 주신
다(고전 2:12-16). 진정한 의미에서 하나님의 시각 일부가 우리의 시각
이 되고, 하나님의 사고 일부가 우리의 생각이 된다. 성령은 우리에게 "예
수님의 마음"을 주시어, 예수님의 시각으로 사물을 바라보는 능력을 증대
시키신다. 윌리엄 템플(William Temple)이 설명했듯이, 성령은 하나님
에 대한 지적 신조(信條)를 물려 주지 않는다. 그러나 그분은 하나님과
우리 사이에 관계를 형성하셔서 우리로 하여금 하나님의 진리를 볼 수 있
게 도우신다.

거룩한 조명은 모든 그리스도인들로 하여금 성경에 기록된 진리를 깨닫
고 해석하도록 도우신다. 거룩한 임재는 우리의 천성적인 능력에 첨가된
창조력이다. 토마스 아 켐피스(Thomas a Kempis)는 성령을 다음과 같
이 묘사했다: "나의 임재와 나의 성스러운 방문을 기다리며 내가 찾아올
때까지 너의 마음의 무미건조와 방황을 인내로 견디어라. 그러면 나로 인
하여 마음의 모든 지루함과 불안으로부터 해방될 것이다. 내가 올 때, 너
는 이전의 모든 수고를 잊고 내면의 평화와 영혼의 평온을 누리게 될 것이
다. 나는 또한 성경이라는 번창하는 초원을 네 앞에 펼칠 것이며, 너는 마

음으로 크게 기뻐하며 성경의 참된 의미를 이해하게 되리라."2)

역사에 나타난 성령의 조명. 오순절에 성령이 제자들에게 구약 성경의 의미를 새롭게 그리고 깊게 드러내실 때 그분은 거룩한 진리를 펼치는 사역을 보여 주셨다. 베드로는 공동체를 대표하여 입을 열어 성령의 감동으로 히브리 성경을 통하여 새롭고 혁명적인 깨달음을 선언하였다: 그 날 성령의 강림은 요엘의 예언을 성취한 것이며(행 2:16-21); 그리스도의 부활은 다윗의 선언을 성취한 것이며(행 2:24-28); 그리스도의 승천과 죄에 대한 궁극적인 승리는 구약 성경에서 이미 예언된 대로 되었다(행 2:32-35).

성령은 오순절 이후 제자들에게 하나님 나라의 궁극적인 특성을 계시하시는 중대한 임무를 수행하셨다. 오순절 이전에 제자들은 하나님 나라가 유대인들을 위한 지상의 왕국이라고 믿었다; 오순절 이후 사도들은 먼저 하나님의 나라가 영적이며(롬 14:17), 그 다음 유대인으로만 이루어지지 않을 것을 보게 되었다. 성령은 베드로에게 "하나님은 사람의 외모를 취하지 아니하시고 각 나라 중 하나님을 경외하며 의로운 일을 행하는 사람은 하나님이 받으시는 줄" 깨닫도록 도우셨다(행 10:34, 35). 그 후 바울은 모든 사람이 믿음으로 구원을 받는다는 것을 깨닫게 되었다(롬 1:17; 5:1).

성경의 진리를 조명하는 성령의 사역은 오늘날까지 계속되고 있으며, 이런 사역을 상세히 개관(槪觀)하려면 상당히 길어질 것이다. 역사상 성령의 역사가 광범하고도 깊었던 또 한 번의 극적인 시대는 종교 개혁이었다. 그 때에 개신교도들은 성경의 잊혀진 진리를 다시 발견하였으며 그

---

2 *Imitation of Christ*, ed. Harold C. Gardiner, tr. Richard Whitford (Garden City, NY: Doubleday, 1955), p. 182.

결과 성경은 사람들의 생활에서 중심적 위치를 회복하게 되었다.

  오늘의 성령의 조명. 성령은 우리가 읽는 성경 말씀의 진리를 보다 깊이 보게 도우신다. 우리 가운데 많은 사람은 신문과 잡지를 읽으면서 눈에 띄는 것만을 보는데 익숙해서, 보다 깊은 의미를 찾기 위하여 단어 너머를 찾지 않는다. 우리도 열두 제자처럼 예수님의 말씀 가운데 분명하고 당면한 의미만을 추구하는 경향이 있다(마 16:1-12; 행 1:6, 7). 우리가 성경을 읽을 때 깊이 읽는 것이 중요한데, 그 이유는 거룩한 진리의 계시는 때때로 단어의 일차적 의미 이상을 지니기 때문이다.
  성령의 도우심이 없다면 인간의 이성은 성경의 깊은 진리를 이해하는데 한계가 있다. 중세의 유명한 논문, "소박한 영혼의 거울"의 저자는 이렇게 말했다, "오 이성의 이해여! 참으로 조잡하기 그지없구나! 그대는 알곡을 버리고 겨의 껍질만 취하는구나."[3]
  성경을 읽을 때 성령의 도우심은 우리에게 실질적으로 매우 유용하여, 우리를 도와서 승리하는 그리스도인의 삶을 살게 하며, 하나님이 우리를 보시는 대로 우리 자신을 보게 하며, 우리를 돕는 하나님의 긍휼과 능력을 경험하게 한다. 성령은 우리의 영혼에 양식을 공급하는 성경의 진리로 우리를 인도하시고, 유혹의 시간에 능력을 그리고 두려움의 때에 용기를 제공하는 구절로 각각 안내하신다. 성령은 많은 성경의 재료로부터 신학적 확신을 세우게 도우신다—마치 장인이 많은 재료를 사용하여 집을 짓는 것처럼 말이다. 예를 들면, 우리는 우리 주님의 신성(神性)에 대한 많은 성경의 자료를 택하여 그것을 종합한다. 이렇게 하면서 우리는 예수님의 열두 제자들의 방법을 따른다. 예수님은 그들에게 거룩한 진리를 말씀하

---

3 Evelyn Underhill, *The Essentials of Mysticism* (London: Dent, 1920),
   p. 149.

고 또 그들 앞에서 기적을 행하신 후에야 비로소 그들은 깊은 내적 확신을 가지고 고백했다: "주는 그리스도시요 살아 계신 하나님의 아들이시니이다"(마 16:16).

살아 있는 말씀

성령은 그리스도 안에 사는 사람들에게 성경으로 하여금 살아서 다가오게 한다. 히브리서는 이렇게 말씀한다, "하나님의 말씀은 살았고 운동력이 있어…마음의 생각과 뜻을 감찰하나니"(히 4:12). 바울은 하나님의 율법에 대하여 "의문(儀文)은 죽이는 것이요 영은 살리는 것"이라고 말했다(고후 3:6). 문자화된 법전은 그 자체로는 누구에게도 영적 생활을 유도할 수 있는 어떤 능력도 가지고 있지 않으나, 성령이 성경에게 그 능력을 부여해 준다. 토마스 아 켐피스는 성령의 임재 없는 성경 읽기는 "나를 조금도 완전하게 할 수 없다"고 말했다. 토마스는 하나님께 이런 고백을 했다, 성경은 "당신의 말씀을 말합니다. 그러나 성경은 그 말씀을 이해할 수 있는 영을 주지 않습니다. 말씀은 좋은 것을 말하나, 당신이 침묵하신다면, 그 말씀은 마음을 뜨겁게 하지 못합니다. 말씀은 당신의 문자들을 보여 주나, 당신이 그 문장을 해석하십니다. 말씀은 고도의 신비를 계시하나, 당신이 그것을 바르게 이해하게 하십니다. 말씀은 당신의 계명을 선포하나, 당신이 그 계명을 실행하십니다. 말씀은 길을 보여 주나, 당신이 그 길에서 걸을 수 있는 힘을 주십니다. 말씀은 모든 것을 외적으로 하지만, 당신은 내적으로 마음을 조명하고 가르치십니다. 말씀은 밖에서 물을 주나, 당신은 안에서 성장을 허락하십니다."4)

십사 세기의 기독교 영성학 학자인 월터 힐톤(Walter Hilton)은 지적

---

4 *Imitation of Christ* (Philadelphia: Altemus, 1894), p. 104.

인 사람이라면 누구나 성경의 내용과 문학의 지식을 습득할 수 있다고 확언하였다. 실로 "많은 경우 이단과 위선자와 육신적으로 사는 사람들이 진정한 그리스도인보다 훨씬 많은 성경의 지식을 가지고 있다."[5] 그러나 이런 지식은 성령이 주시는 지식의 유사품이요, 그림자일 뿐이다. 성령의 임재가 없다면 "성경은 하나님의 영적 향기와 사랑의 내적 단맛을 갖지 못한다."[6] 그러나 성경을 인간적인 지식으로만 가지고 있는 사람들이 "겸손히 그 지식을 주님께 드리며 그분의 은총을 구한다면, 주님은 혼인 잔치에서 어머니의 요청으로 은혜를 베푸셨던 것처럼 물을 포도주로 바꾸실 것이다. 다시 말하면, 주님은 성령의 선물로 이처럼 무미건조한 지식을 지혜로, 냉랭하고 벌거벗은 이성을 영적인 빛과 불타는 사랑으로 변화시키실 것이다."[7]

그뿐 아니라 성령은 우리에게 계시하신 성경의 말씀을 우리로 하여금 순종하게 하신다. 토마스는 하나님께 이렇게 시인하였다: 성령의 도우심이 없이는 그도 "죽어서 열매 없는 사람, 곧 밖에서부터 뜨거워질 수 있으나 안에서는 불탈 수 없는 사람이 되었을 것이다; 그 결과보다 무서운 심판을 받게 될 터인데, 그 이유는 하나님의 말씀을 들었지만 실천하지 못했고, 말씀을 알고 있었지만 사랑하지 못했으며, 말씀을 믿었지만 이행하지 않았기 때문이다."[8]

내적으로 경험된 말씀

예레미야는 성령의 시대를 기다리면서 이렇게 말했다, "내가 나의 법을 그들의 속에 두며 그 마음에 기록하여, 나는 그들의 하나님이 되고 그들은

---

5 *The Scale of Perfection*, ed. Walter Hilton (London: Watkins, 1923), p. 7.
6 Ibid., p. 6.
7 Ibid., p. 8.
8 *Imitation of Christ*, p. 105.

나의 백성이 될 것이라"(렘 31:33). 이 구절은 구약 성경의 계시 가운데 절정이라고 할 수 있다.

바울은 고린도인들에게 성령이 그들의 마음에 그리스도의 진리를 기록하셨다고 말씀하셨다: "...너희는 우리로 말미암아 나타난 그리스도의 편지니, 이는 먹으로 쓴 것이 아니요 오직 살아 계신 하나님의 영으로 한 것이며, 또 돌비에 쓴 것이 아니요 오직 육의 심비에 한 것이라"(고후 3:3). 그는 골로새 교인들에게 이렇게 권면하였다: "그리스도의 말씀이 너희 속에 풍성히 거하여 모든 지혜로 피차 가르치며, 권면하고, 시와 찬미와 신령한 노래를 부르며, 마음에 감사함으로 하나님을 찬양하라"(골 3:16).

내적 경험의 과정. 진리의 영은 그리스도인들이 계시된 성경의 진리를 내적 경험으로 만들려고 할 때 우리 모두를 도우신다. 성령은 우리로 하여금 그 진리를 우리의 생활에 집어넣을 수 있게 하시며 그 결과 그 진리는 우리의 가장 깊은 자아의 일부가 되며, 그 진리를 우리의 생각에 영입(迎入)시킬 수 있게 하시며 그 결과 그 진리가 우리를 움직이기 시작하신다.

어떻게 성령은 성경의 진리를 내적으로 경험하게 하시는가? 성령은 대개의 경우 우리 스스로 그렇게 하도록 유도(誘導)하신다. 성령은 우리로 하여금 성경을 사랑하게 하며 영적 진리를 깨닫고자 하는 강한 열망을 주신다. 성령은 우리를 인도하사 성경에 담겨진 깊은 의미를 보게 하신다. 때때로 성령은 우리와 구체적으로 관련된 구절들이 다른 광채와 생기로 다가오게 하신다. 성령은 우리로 하여금 베드로처럼 고백하게 하신다, "주여 영생의 말씀이 계시매 우리가 뉘게로 가오리이까?"(요 6:68)

성령은 우리로 하여금 각종의 성경 자료를 내적으로 경험하게 도우신다. 성령은 우리로 하여금 성경의 인물들의 영적 열망—그리스도에게 생명을 맡기는 충성과 자기 희생의 태도를 내포한 열망—과 같은 열망을 갖게끔 도우신다. 성령은 영적 생활이 아주 중요하며, 온 세상을 얻고도 그의 영혼을 잃으면 그의 영혼에는 아무 유익도 없다는 성경의 가르침을 수용하게 하신다.

내적 경험과 기도 생활. 성령은 우리 안에서 이사야가 본 하나님의 영광 같은 말씀을 내적으로 경험하게 하심으로 우리의 기도 생활을 강화시킨다. 이것은 매우 중요한데, 그 이유는 순수한 기도란 언제나 거룩한 경외의 분위기에서 일어나기 때문이다. 우리는 성경에 묘사된 하나님의 다양한 인자(仁慈)를 깊이 인식할 때 감사하게 된다. 우리가 하늘에 계신 아버지를 찬양할 수 있는 능력은 시편과 같은 찬양의 말씀을 의지할 때 더욱 커진다.

그뿐 아니라, 성령은 성경의 인물들의 확신, 곧 인생에서 기도가 없어서는 아니 될 필수품이라는 확신을 우리의 것으로 수용하게 도우신다. 우리는 기도의 범위가 인간의 필요만큼이나 광범위하다고 느끼게 되는데, 그 이유는 성경의 인물들도 큰 일 뿐만 아니라 작은 일을 위해서, 그리고 현실적 축복 뿐만 아니라 영적 축복을 위해서 기도했기 때문이다. 한 발 더 나아가서, 우리를 위한 하나님 아버지의 관심에 대한 예수님의 말씀을 우리가 깊이 깨달을 때, 우리도 인생의 모든 필요를 위하여 기도하게 된다.

성령은 우리가 구약과 신약에서 사람들을 위한 하나님의 도우심에 대하여 읽으면서 우리를 위한 하나님의 다함없는 사랑을 깨우쳐 주시며, 그 결과 우리는 우리의 기도를 응답하시는 하나님을 신뢰하게 된다. 우리는 하나님의 적절한 약속을 취하고 또 우리의 것으로 삼는다. 그리스도의 기적은 부활하신 주님이 우리를 도우신다는 확신을 준다. 우리는 그분이 어제나 오늘이나 영원토록 동일하시다는 믿음을 우리의 경험으로 만든다(히 13:8).

내적 경험과 그리스도인의 행실. 성령은 우리가 경건한 생활에 관한 성경의 가르침을 내적으로 적용시킬 때 의롭게 살고자 하는 우리의 의향을 강화시키신다. 그리스도인다운 행실을 유지하고자 하는 새로운 동기가 탄생되는 것이다; 새로운 윤리적 관심이 생겨나며; 새로운 도덕적 목표가 보이며; 새로운 태도가 나타나며; 새로운 도덕적 감수성이 우리의 내적 삶을 침투한다. 도덕적 이중성은 줄어들고, 윤리적 자발성(自發性)이 일어난다. 의롭게 행동하고 싶은 동기가 내부에서 갈수록 커지는데, 그것은 도덕 교과서와 같은 어떤 외부의 출처에서 오는 것이 아니다.

우리가 매일의 생활을 위한 성경적 목표를 내적으로 적용시킬 때, 우리는 이런 이정표(里程標)가 가리키는 방향으로 기쁘게 간다. 우리는 외부의 명령을 따를 때 흔히 오는 머뭇거림을 피한다. 이처럼 내적으로 수용된 성경적 목표는 "고집스런 자아"를 책망하고 교정하여 "보다 나은 자아"를 만드는 좋은 기반이 된다. 우리는 우리를 책망하는 진리를 수용하기 때문에 그 비난을 받아들일 수 있다. 우리는 외부의 명령을 따르는 종처럼 느끼지 않고, 아버지의 뜻—우리의 뜻이 된 아버지의 뜻—을 행하는 아들처럼 느낀다.

더 나아가서, 성령은 우리로 하여금 그리스도인의 생활을 영위하도록 동기를 부여하는 교리적인 가르침을 내적으로 경험시키신다. 하나님의 사랑에 대한 우리의 믿음은 하나님을 사랑하게 만든다. 하나님의 능력에 대한 우리의 믿음은 우리로 하여금 끊임없이 그 능력을 의존하여 승리의 생활을 영위하게 한다. 하나님이 용서하신다는 우리의 믿음은 우리로 하여금 죄를 피하게 한다. 거룩한 인도에 대한 우리의 믿음은 우리로 하여금 매일의 생활을 위한 하나님의 인도를 구하게 한다.

내적 경험과 그리스도인의 성장. 어떤 심리학자들은 어린 아이가 부모

의 이념과 도덕을 실증(實證)하는 것이 아이의 성장에서 가장 중요하다고
믿으며, 그리스도인이 영적 진리를 내적으로 수용하는 것은 그리스도인의
성장에서 못지 않게 중요하다.

사람에 따라서는 도덕적 원리를 절대로 실증하지 않으면서도 도덕적일
수 있으나, 그에게는 결코 좋은 인격이 있을 수 없으니 그 이유는 인격은
언제나 내부(內部)에 근거를 두기 때문이다. 어떤 사람은 처벌을 두려워
하기 때문에, 또는 좋은 사람들로부터 인정받고 싶어서, 또는 기타의 이유
때문에 윤리적일 수 있다. 그러나, 누구도 영적 진리를 내적으로 수용하지
않으면서 참 그리스도인이 될 수는 없다. 기독교 신앙에서 내적인 것이
가장 특징적이고 기본적인 요소이기 때문이다. 이것이야말로 예수님의 일
차적인 강조이었으며, 그것은 그 당시의 다른 종교 지도자들의 가르침과
극명한 대조를 이루었다(예를 들면, 마태복음 5장에서 7장을 보라).

결 론

성경은 인생의 위대한 교과서이다. 성경은 성취된 인생을 추구하는 사
람들에게 거룩한 지혜를 제공한다. 성경은 하나님이 주신 것이며, 따라서
"이는 하나님의 사람으로 온전케 하며 모든 선한 일을 행하기에 온전케 하
려 함"이다(딤후 3:17). 성경은 "교훈과 책망과 바르게 함과 의로 교육하
기에 유익"하다(딤후 3:16).

성령은 그리스도인인 우리가 인생의 교과서를 읽을 때 우리의 선생이
되신다. 성령은 우리 안에서 하나님의 진리에 대한 강한 욕구를 주시며
또 우리로 하여금 이 진리를 받아들이게 하신다. 성령은 우리가 말씀에
귀를 기울일 수 있도록 세상의 걱정을 가라앉혀 주신다. 성령은 우리로
하여금 거룩한 진리를 깨닫도록 우리에게 영적인 마음을 주신다. 바울은
우리가 "그리스도의 마음"을 가지고 있기 때문에 영적인 일을 이해할 수

있다고 했다(고전 2:14-16). 많은 기독교의 진리는 실천을 통하여 알게
되며, 성령은 우리가 아는 진리에 반응할 수 있도록 우리를 도우신다; 그리
고 반응할 때마다 보다 완전한 말씀의 지식으로 가는 길을 준비해 주신다.

토론을 위한 질문

1. 종교 개혁자들은 성경을 해석하는데 성령의 도우심의 필요성을 강조했다. 이 원리는 얼마나 중요한가?
2. 성경의 메시지를 해석하는데 성령이 우리를 인도하시는 구체적인 시간을 우리가 알 수 있는가? 있다면, 어떻게 알 수 있는가?
3. 신실한 그리스도인인 우리가 성경의 진리에 관한 우리의 인상과 생각이 사실은 우리의 마음에서 오는데도 성령으로부터 온다고 생각하는 실제적인 위험은 없는가?
4. 신실한 그리스도인들이 흔히 성경적 진리의 기본적인 해석이 서로 다른 사실을 당신은 어떻게 설명하는가?
5. 당신은 성령으로 인도를 받으며 성경을 읽는 것이 하나님을 아는 기본적인 방법이라고 믿는가?
6. 당신은 성령이 성경 이외의 다른 어떤 방법을 통하여 그리스도인들에게 진리를 계시하신다고 생각하는가? 그렇다면 어떤 방법이 있는가?
7. 불신자들은 어디까지 성경을 이해할 수 있는가?
8. 성령의 준비 밑에서 그리스도인들이 성경을 읽을 수 있는 여러 가지의 방법을 열거하라.
9. 그리스도인들이 성경의 진리를 내적으로 수용하는 것은 얼마나 중요한가?
10. 성경의 진리를 내적으로 경험시키기에 합당한 인간의 상황을 열거하라.
11. 성경이 인생의 교과서가 되는 방법들을 열거해 보자.

7

성령은 우리에게 기도할 분위기를 주신다

성령은 우리 안에 영적 정열의 분위기와 하나님에 대한 우리의 욕구를 일으킴으로 우리로 하여금 기도할 수 있도록 준비시키신다. 그뿐 아니라, 우리의 삶에 나타나는 그분의 임재는 우리에게 영적 가치를 실제적인 것으로 만들어서, 우리 안에 영원한 것들에 대한 깊은 욕구를 일으킨다. 성령은 우리에게 기도해야 되겠다는 영적 관심, 기도야말로 인생에서 가장 의미 있는 행위라는 확신, 그리고 하나님이 기도를 응답하신다는 신뢰 등을 부여(賦與)하신다.

성령은 우리가 기도할 때 영적 무관심을 극복하게 도우시며 동시에 세속적인 태도로부터 영적인 태도로 옮겨가게 하신다. 영적 무관심과 세속적 몰두는 우리 시대에서 기도를 방해하는 두 가지 가장 큰 방해물이다. 이 두 가지는 우리 안에 너무나 단단하게 자리를 잡고 있어서 하나님의 영의 도움을 받아야만 극복할 수 있다. 또한 성령은 우리가 그리스도인의 묵상과 하나님의 찬양에 몰두할 때 우리에게 기도할 긍정적인 분위기를 갖게 하신다.

영적 냉담을 극복하라

무관심 또는 냉담(apathy)은 "될 대로 되라"는 태도를 암시하는 라틴어(acedia)에 근거하여, "무관심"(carelessness)으로 정의되어 왔다. 그것은 깨달음이 없는 나태한 마음을 사로잡는 감정의 비활동(非活動) 가운데 하나이다. 기도에서 냉담은 인간의 권태이며 거룩한 존전(尊前)에서의 무기력이다.

모든 그리스도인은 때때로 그의 기도 생활에서 냉담의 문제를 갖는데, 그 이유는 이런 게으름의 경향이 인간의 정신물리학적 본성에 깊게 뿌리박고 있기 때문이다. 심리학자 에스더 하딩(M. Esther Harding)은 나태가 "인간의 정신 속에 있는 가장 근본적이고 고질적인 충동"이라고 간주하였다.[1] 중세의 신학자들 가운데는 나태가 일곱 가지의 근본적인 죄악 중 하나라고 간주한 사람들도 있었다. 그것은 히브리서의 수신자들이 가지고 있던 근본적인 문제 가운데 하나였다. 나태하게 성장한 이들 그리스도인들은 신앙 생활의 첫 단계에 머물렀다. 저자는 그들이 냉담을 극복하고 그리스도인의 삶을 시작할 때처럼 영적 열정을 되찾으라고 촉구하였다: "…우리가 간절히 원하는 것은 너희 각 사람이 동일한 부지런을 나타내어 끝까지 소망의 풍성함에 이르러 게으르지 아니하고…"(히 6:11, 12).

존 돈(John Donne)은 신앙적으로 깊게 헌신된 사람인데, 그가 냉담하게 되면 아무리 작은 것이라도 그의 기도를 방해한다는 것을 발견하였다: "어제의 즐거움에 대한 기억, 내일의 위험에 대한 공포, 내 무릎 밑의 지푸라기, 내 귀에 들리는 잡음, 나의 삶의 빛, 무엇이든, 아무 것도 아니든, 내 머리를 스치는 공상이나 망상조차도 나의 기도를 괴롭힌다."

우리가 냉담하게 되면 영적 욕구를 알지 못하며, 따라서 기도할 필요를 거의 느끼지 않는다. 존 번연은 이런 진리를 『천로역정』에서 명쾌하게 그려냈다. *크리스챤*은 언덕의 기슭에서 깊이 잠든 사람 셋을 발견하였다. "한 사람의 이름은 *단순*이었고, 다른 사람은 *나태*, 그리고 세 번째는 오만이었다." *크리스챤*은 그들을 깨우고 경고하였다. "만일 우는 사자라도 온

---

1 *Journey into Self* (New York: Longmans and Green, 1956), p. 283.

다면 당신들은 분명히 그 이빨에 희생될 것이오." 졸음에 차 있고 냉담한 그 친구들은 꿈적도 하지 않았다. *단순*이 말했다, "나는 아무런 위험도 볼 수 없는데." *나태*가 말하였다, "좀 더 자자." *오만*은 그의 모든 문제는 그가 풀 수 있다고 생각하면서 말했다. "모든 사람은 자기의 문제를 자기가 책임져야 해."

영적 냉담 때문에 우리의 기도는 천박하고 피상적이 된다. 아무런 욕구도 갖고 있지 않을 뿐 아니라 스스로 모든 문제를 풀 수 있다고 느끼고 있는 우리는 기도하고자 하는 충동을 가질 수 없다. 냉담하게 되면 하나님의 뜻이 너무 어려워 보여서 우리는 그 뜻을 따르기를 주저한다. 하나님께 대한 우리의 감사는 적어지고, 우리의 애정은 억지처럼 되고, 우리의 욕망은 풀이 죽고, 우리의 마음은 차가워진다.

많은 그리스도인들은 기도의 무관심에 대한 손쉬운 인간의 치료가 없다는 것을 경험한다. 인간의 노력은 아무리 커도 대개는 실패하고 만다. 누군가가 솔직하게 말했듯이, "기도의 냉담을 해결하려면 스스로 심각한 문제에 빠지는 것 뿐일지도 모른다." 그는 계속해서 말했다, "그 때야 비로소 그는 열정을 가지고 기도할 수 있었다." 이런 고백은 계시적이긴 하나, 그것이 제안하는 방법은 만족스럽지 못하다.

세속적 태도로부터 돌아서라

체질적이고도 지속적인 냉담이라는 문제 외에, 우리가 처해 있는 세속적 시대는 기도를 반대하는 풍조를 만들어 냈다. 개인적 성취와 세상적 성공이 인생의 기본적인 목적이라고 느끼며 성장된 우리는 세상의 일을 도와달라고 하나님께 구걸하면서 너무나 많은 기도를 드리고 있다. 우리는 동냥이나 구하려고—그 대신 아무 것도 제공하지 않으면서—관대한 집으로 자주 찾아가는 거지처럼 되고 있다. 이런 기도는 결국 우리를 천박하고도 이기적으로 느끼게 만든다. 우리의 기도가 일차적으로 공리적(公利的)이고 자기 중심적일 때 우리는 하나님과 참된 교제를 갖지 못한다. 세상의 일들에 대한 지나친 관심은 우리의 생각을 세상적인 야심, 계획, 좌절 및 근심으로 채우며, 그 결과 하나님과의 교제를 준비하지 못한다. 어거스틴은 주로 세상 것을 위한 기도는 "육신적 기도"라고 말했다.

효과적으로 기도하려면, 우리는 최우선 순위를 영적인 것에 두어야 한다. 기도에서는 물론 그리스도인의 모든 생활 영역에서 우리는 먼저 "하나님의 나라와 그의 의를 구해야" 한다. 영적 일에 우선적인 관심을 둘 때 우리는 인생에 있어서 가장 중요한 활동에 참여하고 있다는 내적 확신을 가지고 기도한다. 그런 확신은 공리적인 태도로 하는 기도를 극복하게 한다.

우리는 성령이 우리를 열정적인 기도의 사람으로 만드는 두 가지 기본적이면서 건설적인 방법을 살펴볼 것이다. 성령은 우리로 하여금 하나님에 대하여 그리고 성경의 진리에 대하여 묵상하도록 도우시며, 우리에게 부어지는 하나님의 축복을 알아보도록 도우신다. 이 두 가지는 모두 기도하기 좋은 내적 여건을 조성하도록 돕는다.

묵상에 주의를 기울이라

성경은 신앙적인 묵상을 권한다. 바울은 골로새에 있는 성도들에게 이렇게 말했다. "위엣 것을 생각하고 땅엣 것을 생각지 말라"(골 3:2). 시편 기자는 영적으로 유능한 사람이란 하나님의 진리를 기뻐하고 그것을 묵상하는 사람이라고 묘사하고 있다. 시편 1편은 그런 사람을 "시냇가에 심은 나무가 시절을 좇아 과실을 맺으며 그 잎사귀가 마르지 아니함" 같다고 그리고 있다(시 1:3).

묵상은 주의를 기울여 하나님과 기독교의 진리를 주목하는 행위이다. 묵상에서 우리는 새로운 진리를 발견하기 보다는 이미 터득한 진리를 되새

기고 기뻐하기 위함이다. 묵상의 일차적 목적은 우리의 영적 기능들을 일깨워서 그것들을 통하여 하나님과 대화하게 하는 것이다. 묵상은 여러 가지의 심리적 요소를 포함하는데, 정신적이고 감정적인 쉼, 기억, 반성, 염원, 그리고 개방 등을 포함한다.

묵상은 내적 평온과 기대하며 경청하는 것이 그 특징인데, 그런 것들은 우리로 하여금 하나님의 임재를 인식하고 하나님이 주신 통찰력을 받을 수 있게 한다. 우리는 묵상 중에 성령이 우리의 바쁜 일과로부터 우리를 떠나시지 않았으나 우리가 너무 바쁜 나머지 그분의 임재를 느끼지 못했다는 사실을 종종 발견한다; 성령은 우리에게 말씀하셨으나, 우리가 그분을 듣지 못하였던 것이다.

프랑스와 페넬롱의 기록처럼 하나님은 묵상 중에 우리와 대화하신다: "이슬이 내리는 것처럼 육안으로는 볼 수 없게 대화하시나; 그렇다고 초목에 내린 이슬 못지 않게 신비한 힘으로 상쾌하게 대화하신다."[2]

묵상은 어려울 수 있다. 오늘날 그리스도인의 묵상은 어려운데, 그 이유는 우리의 생활이 세상적인 활동으로 꽉 차 있기 때문이다. 우리 가운데 많은 사람들은 혼자 또는 조용히 지내기가 어렵다. 우리의 상황은 농부와 기능공 같이 혼자 일하던 지난 세대의 상황과는 다르다. 그뿐 아니라, 대중 매체는 각종의 매력적인 프로그램으로 자유 시간을 가지고 있는 우리를 착란시켰다. 엘리옷(T. S. Eliot)이 "4편의 4행 시"에서 묘사한 것처럼, 우리는

착란에 의하여 착란으로부터 착란되었고,

---

2 Francios Fenelon et al., *A Guide to True Peace*, ed. Howard Brinton (New York: Harper, 1946), p. 12.

망상으로 가득 찼고 의미는 상실되었으며,
아무런 집중도 없이 냉담으로 비대해졌노라.

영적인 일에 대한 묵상은 우리 사회와 같이 고도로 활동적인 사회에서 성장한 사람들에게는 어렵다. 우리는 우리의 환경 가운데서 가시적(可視的)인 물질을 취급하며, 사고와 행동을 자극시키기 위해 물질적 감각을 크게 의지하도록 훈련되었다. 우리 가운데 대부분은 영적인 일에 대하여 아주 짧은 시간만이라도 묵상할 준비가 되어 있지 않다; 우리는 성령의 도우심을 받아야만 한다.

우리는 시편이나 복음서를 묵상하며 읽기 시작하는 것으로 묵상의 훈련을 시작할 수 있다. 성경을 그렇게 읽으려면 읽고 생각해야 하는데, 한 장을 읽으면서도 여러 번 중단하고는 우리가 읽은 것을 깊이 생각하며 하나님의 영으로 하여금 우리에게 말씀하게 하셔야 한다.

성경에 등장하는 인물들의 경험과 필요는 우리를 대표하는 것들이며, 이런 사실은 그들의 말이 오늘의 사람들에게도 "살아 있고 능력 있는" 말씀으로 만들어 준다. 우리는 거룩하고 장엄한 하나님에 대한 이사야의 환상에 대하여 읽으면서 깊이 감동받을 수도 있다(사 6장). 거듭 말하거니와, 우리가 열두 제자와 동일하다고 간주할 때 우리는 그들에게 하신 예수님의 말씀이 우리에게 하신 말씀으로 느낀다. 더 나아가서, 하나님의 영은 우리로 하여금 그리스도가 살아 있을 뿐 아니라, 항상 살아 있는 그리스도가 항상 살아 있는 말씀을 하셨다고 느끼게 도우신다. 그런 경험은 성령의 도우심으로 효과적인 기도를 할 수 있도록 우리를 준비시킨다.

묵상은 우리를 혼란시키고 동시에 감동시킨다. 우리가 성경의 진리를 숙고할 때 성령은 우리 자신을 보다 완전하게 볼 수 있게 도우신다. 성령은 하나님의 말씀을 통하여 우리의 영적 만족을 혼란시키신다. 우리가 하나님과 그분의 거룩을 생각할 때 어느 정도는 하나님의 관점에서 우리 자신을 보게 된다. 우리는 그분의 의를 생각할 때, 우리의 의를 자랑하지 않는다. 우리는 창조주를 묵상할 때, 우리 피조물의 한계를 깊이 인식한다.

성령은 우리가 영적으로 낮은 수준에 정착하지 않게 하신다. 성령은 우리로 하여금 보다 강하고 보다 유능한 그리스도인이 되기를 열망하게 하신다. 우리가 거룩한 진리를 묵상할 때, 우리는 우리 안에 있는 깊은 필요를 알게 된다; 우리는 그리스도인의 인생을 위하여 새로운 가능성을 보게 된다; 그리고 우리는 우리를 돕는 하나님의 은혜의 능력을 깨닫기 시작한다.

그리스도인의 묵상에서 우리의 생각은 세상적 관심에서 영적 지식이라는 마음의 창고로 옮겨간다. 세상의 결점과 혼란으로부터 떠나서 영적으로 바라볼 때 영적인 것들이 갈수록 더 가치 있게 보인다. 우리가 하나님과 그분의 영원한 선을 생각할 때, 따스한 찬양이 묵상하는 생각에 스며든다. 거룩한 열망이 솟아나고, 이런 열망이 하나님의 은혜를 통해 실현될 수 있다는 확신으로 가득 찬다. 기독교 진리에 대한 묵상은 세상의 일로 가득 찬 우리를 해방시키는 경향이 있는데, 그것은 하나님의 일과 우리의 인생에서 그 일의 중요성을 깨닫게 함으로 가능하다. 성령은 우리의 마음을 평온하게 하시며 세상사에 대한 우리의 염려를 감소시켜 주신다. 그후 우리 안에 거하시는 영원한 영은 영원한 가치를 추구하기 시작한다. 시에나의 캐더린(Catherine of Siena)은 명상에 잠긴 그리스도인의 마음이 "일시적인 것들에 대한 부적절한 사랑에서 떠나며, 천국의 것들에 대한 사랑으로 채워진다"고 말했다.

하나님의 진리를 묵상하면 영원한 것들에 대하여 건전한 매력을 느끼게 된다. 존 매스필드(John Masefield)는 이런 종류의 매력을 갖게 되었는데, 종종 보다 넓은 삶, 곧 "믿기 어려운 완전...이 세상에서 볼 수 없는 빛"을 지닌 그런 삶을 느꼈다. 그는 하나님 안에서의 삶이란 "이 세상에서 영광스럽고 선한 모든 것의 근원이며; 반대로 그런 삶을 모르는 현대인은 죽음에 거한다"고 믿었다.[3]

어거스틴은 한 시편을 주석하면서 이렇게 말했다: 시편 기자는 성전으로 다가갈 때, "마치 하나님의 집에서 어떤 악기가 달콤한 소리를 내는 것 같았다; 그리고 그는 성전 안을 거니는 동안 어떤 내부의 소리를 듣고, 그 달콤한 소리에 이끌리며 혈육(血肉)에서 나는 모든 잡음에서 벗어나서 하나님의 집으로 향했다." 어거스틴은 이렇게 계속했다, "마음의 귀에 한 곡조가 들렸는데, 그 곡조는 신비롭고, 선율적(旋律的)이며, 달콤하였다." 우리는 묵상에서 이런 "소리"를 들을 수 있을 만큼 조용해지면서 기도에 들어가게 된다.

우리의 영적 열망과 정열적인 기도는 직접적인 연관이 있다. 영적 공허는 냉담한 기도를 일구어 낸다; 반면에, 영적 충만은 냉담을 몰아낸다. 기도의 자질은 우리가 무엇을 원하느냐에 의해 크게 좌우된다. 세상에 대한 큰 관심은 기도의 영을 시들게 한다; 영적인 일에 대하여 건전하게 매력을 느끼면 기도의 영은 고무(鼓舞)된다.

하나님의 은사를 감사함으로 인정하라

감사하는 마음은 효과적인 기도를 위한 필수 조건이다; 감사하지 않는 백성은 하나님과 교제를 거의 하지 않는다. 바울은 빌립보 교인들에게 이렇게 역설하였다, "모든 일에 기도와 간구로, 너희 구할 것을 감사함으로 하나님께 아뢰라"(빌 4:6).

인간은 하나님과 관계를 갖도록 창조되었으며, 인간은 그분으로부터 많

---

3 Anne Fremantle, ed., *The Protestant Mystics* (Boston: Little and Brown, 1964), p. 314.

은 축복을 받는다. 인간은 이런 축복이 하나님에게서 온다는 사실을 인정하고 감사해야 한다. 인간이 그렇게 하지 못할 때, 하나님과의 관계는 점점 소원(疏遠)해진다. 바울은 하나님을 알지만 "하나님으로 영화롭게도 아니하며, 감사치도 아니하고, 오히려 그 생각이 허망하여지며 미련한 마음이 어두워졌나니"라고 이방인에 대하여 언급했다(롬 1:21).

진지한 찬양은 하나님과 교제하고 있다는 느낌을 강화시키고 그분을 의뢰하고 있다는 감정을 보강시킨다. 찬양은 세속적 영이 만들어 내는 자기 확신이라는 거짓된 느낌에서 우리를 해방시킨다. 우리의 인생에 부어지는 하나님의 축복을 시인하는 것이 자기 만족—기도의 욕구를 파괴시키는 만족—이라는 느낌을 해결해 주는 좋은 해독제이다. 슐라이에르마허는 욕구야말로 기도에 대한—실제로는 모든 신앙의 행위에 대한—기본적인 동기라고 믿었다.

하나님 아버지의 선하심에 대하여 우리가 찬양하면 그분이 우리를 돌보신다는 느낌을 더해 주며, 그 결과 우리는 더욱 기도하고 싶은 마음을 갖게 된다.

찬양은 하나님에 대한 믿음을 뜨겁게 해 준다. 찬양은 우리로 하여금 하나님 아버지로부터 새로운 축복을 기대하도록 돕는다. "하나님이 주신 것을 마음에 깊이 품고 있는 사람은 그만큼 용감하게 위로부터 오는 새로운 선물을 구하게 될 것이다." 치유를 받고도 예수님께 감사하지 않은 아홉 명의 문둥병자는 미래의 축복들을 구할 자격을 잃어버렸다. 감사하지 않는 마음 때문에 그들은 무가치하게 느꼈을 뿐 아니라 축복자와 그 이상의 접촉도 끊어버렸다.

하나님께 올리는 찬양은 하나님의 풍성한 은혜를 보다 많이 이해하게 한다. 그렇게 되면 우리는 문제를 의식하고 생활하는 대신 은혜를 의식하며 생활하게 된다. 하나님의 풍성이라는 배경에 비추어 볼 때 우리의 문제들은 작아 보인다. 그리스도의 은혜를 바라보면서 바울은 이렇게 말할 수 있었다, "나는 내게 능력 주시는 자 안에서 모든 것을 할 수 있느니라"(빌 4:13).

결   론

시시때때로 성령은 그리스도인들에게 하나님의 임재라는 특별한 느낌을 통하여 기도하고자 하는 마음을 갖게 하신다. 성령은 이런 마음을 대예배나 개인적인 경건의 시간이나 아니면 삶의 여러 환경에서 갖게 하실 수 있다. 클레어보의 버나드는 이런 경험을 이렇게 기술했다: "그분은 나의 잠자는 영혼을 깨우셨다. 그분은 무감각하고 바위처럼 단단한 나의 마음을 자극하기도 하고, 부드럽게 하기도 하고, 상하게 하기도 하셨다. 그는 잡아뜯기도 하고, 허물기도 하고, 심기도 하고, 세우기도 하고, 메마르고 건조한 땅에 물을 대기도 하고, 그늘로 어두워진 땅에 빛을 비추기도 하고, 닫혀진 것들을 열어 젖히기도 하고, 차가운 것들을 그분의 불꽃으로 데우기도 하고...그래서 나의 영혼이 주님을 찬미하고 내 속에 있는 모든 것들이 그분의 거룩한 이름을 찬양하게 하셨다...."4)

그보다는 빈번하게, 성령은 효과적인 기도를 위한 지속적인 준비로서 그분의 임재를 우리에게 허락하신다. 우리 안에 내주하시는 그분의 생명은 우리의 마음을 따뜻하게 하고 우리 그리스도인의 열망에 생기를 준다. 그분의 거룩한 임재는 우리로 하여금 우리의 영적 필요를 인식하게 하며, 우리는 은혜 안에서 성장하기 위하여 기도한다. 그분은 우리로 하여금 우리 주변에 있는 사람들의 고난에 민감하게 하시고 그들을 위해 기도하게 하신다. 그분은 교회와 여러 곳에서 봉사하도록, 그리고 하나님의 도우심

---

4 On the Song of Songs, ed. and tr. by C. S. M. V.의 어느 신앙인(London: Mowbray, 1952), p. 230.

을 위하여 기도하도록 우리를 인도하신다. 우리는 하나님의 나라를 위해 기도하는데, 그것은 우리도 그 나라의 사역에 참여하고 있기 때문이다.

토의를 위한 질문

1. 개인 기도에서 "분위기"는 얼마나 중요한가? 연합 기도에서는 어떤가?
2. 일부 신학자들은 다음의 죄들을 영적 생활에 치명적인 것으로 간주하였다: 교만, 탐욕, 정욕, 분노, 탐식, 시기 및 나태. 이런 일곱 가지의 주된 죄는 가장 해로운가? 나태나 영적 냉담이 다른 것들처럼 파괴적인가?
3. 기도 이외에 어떤 영역에서 영적 냉담이 특히 그리스도인의 생활에 해로운가?
4. 예수님은 그의 청중 가운데 있는 세속적인 태도에 대하여 어느 정도까지 염려하셨는가? 마태복음 13:22; 16:26; 24:38-39; 누가복음 21:34을 보라.
5. 당신은 물질 만능 사상이 예수님의 시대보다 오늘의 믿는 자들 가운데 더 큰 문제라고 생각하는가? 당신의 할아버지 시대에는 어떠했는가?
6. 다소 신비적인 일부 그리스도인들은 영적인 일에 대한 묵상이 영적 성장의 기본 요소라고 믿는다. 당신은 이것에 동의하는가? 일부 묵상을 좋아하는 그리스도인들은 너무 세상으로부터 분리되어 있지 않은가?
7. 진실로 현대의 그리스도인들은 거의 묵상하지 않는가?
8. 그리스도인이 묵상할 때 직면하는 문제들은 어떤 것인가?
9. 당신은 대예배 중 침묵의 시간이 유용하다고 생각하는가?
10. 당신의 기도는 찬양과 간구 사이에 좋은 균형을 이루고 있는가?

8

성령은 우리가 기도하도록 도우신다

기도는 독특한 인간의 행위로서, 인생을 접근하는 색다른 방법이다. 기도에서 우리는 우리의 절대 부족을 시인하며 동시에 하나님의 사랑에 대한 우리의 감사를 표현한다. 진지한 기도는 누군가가 말하듯, 도피의 과정이 아니라, 인생의 여러 가지 어려움을 하나님의 도움으로 대면하는 방법이다.

기도에서 우리의 정신적 활동은 정상적인 삶의 환경에서의 활동과 많이 다르다. 정상적으로 우리의 경험은 육체의 감각을 통하여 오나, 기도에서는 그 감각이 수동적이 되는 경향이 있다. 정상적인 생활에서 우리는 이론으로 문제들을 해결하나, 기도에서는 우리가 하나님의 지혜를 구한다. 일상 생활에서 우리는 우리가 필요로 하는 것들을 우리 자신의 계획과 노력으로 얻지만, 기도에서는 하나님의 은혜에 근거하여 도움을 구한다. 정상적으로 우리는 우리의 업적에 따라 평가를 받으나, 기도에서는 우리에게 주신 선물들을 인하여 우리는 하나님을 찬양한다.

성령이 우리의 기도를 도우시면, 우리의 기도는 알렉산드리아의 클레멘트(Clement of Alexandria)가 말했듯이 "일종의 거룩하고도 교차적인 통신이다." 그렇게 될 때 우리의 기도는 대화, 곧 하나님과 인간의 대화가 되어, 우리는 하나님께 아뢰며 또 그분의 말씀을 듣고, 종종 영적 깨달음과 통찰력 그리고 직감을 얻는다.

깊은 욕구를 꿰뚫어 보는 통찰력

우리의 기도 생활에서 우리는 성령의 도우심을 필요로 한다. 왜냐하면 우리에게만 맡기면 우리는 무엇을 기도해야 할지 또 어떻게 해야 할지 모른다(롬 8:26). 성령의 인도가 없다면 우리는 야고보와 요한처럼 무엇을 구하는지 알지 못한다. 우리는 많은 경우 과거에 합당치 않은 기도를 한 것을 기억하며, 지금은 하나님이 그런 기도를 응답하시지 않은 것에 대하여 감사한다.

성령의 도우심 없이 우리는 무엇을 구해야 될지 모르는데, 그 이유는 다음과 같다: (1) 우리는 우리 자신의 깊은 필요를 모른다; (2) 우리는 인간의 심각한 상황을 해석할 수 없다; (3) 우리는 미래를 볼 수 없다. 존 번연은 이렇게 말했다, "성령만이 우리에게 기도하는 방법을 가르치실 수 있다. 성령이 없으면 우리에게 일천 권의 기도서가 있다손치더라도 우리는 마땅히 빌 바를 알지 못한다."

우리의 개인적 필요. 우리에게는 우리의 깊은 개인의 필요를 알지 못하게 하는 강한 내적 성향이 있다. 자신을 좋게 보려는 욕구 때문에 우리는 많은 허물과 내적 죄를 간과한다. 우리는 자신을 있는 그대로 직시(直視)하기를 싫어하는데, 그렇게 하면 종종 우리는 죄의식과 열등감을 느끼게 되기 때문이다. 우리의 마음은 이런 느낌을 여러 가지로 억누르려고 한다. 인색한 그리스도인과 불성실한 청지기는 돈을 보수적으로 그리고 신중하게 사용하는 것 뿐이라고 논리를 편다. 다른 사람을 미워하는 그리스도인은 확고한 견해를 가지고 있는 것 뿐이라는 생각을 한다. 분노하는 그리스도인은 그의 분노를 짓누르는데, 그 이유는 분노를 숨기면 보다 편안하게 느끼기 때문이다. 우리 모두는 우리의 자아상을 자만의 무장으로 보호하려는 경향을 가지고 있다.

어떤 때는 기독교적인 동기가 성숙한 그리스도인의 안목을 흐리게 한다. 거룩한 열망도 우리의 내적 필요와 실패를 보지 못하게 할 수 있다.

어느 교회 지도자는 그가 행정에 개입해서 교회 건축을 위한 대지를 찾는
데 너무나 열중한 나머지 그의 감독 밑에서 사역하는 사람들의 깊은 필요
를 인식하지 못했다고 말했다.

우리의 과거 경험도 종종 우리 자신을 있는 그대로 볼 수 없게 할 수
있다. 어떤 경건한 그리스도인은 젊었을 때 몇 가지 종교적 규율을 지키면
훌륭한 그리스도인이라고 여기게 되었으며, 그 결과 후에 이런 편견 때문
에 그의 깊은 내적 필요를 보기 어려웠다고 말했다. 때때로 과거의 충격적
인 경험이 우리 안에 너무나 많은 불안을 일으킨 나머지 우리는 그 경험을
되돌아보기를 두려워한다. 그렇게 하면 우리 자신을 이해하는데 도움이
되는데도 말이다. 그뿐 아니라, 습관적인 사고와 행위를 반복하다 보면 우
리의 개인적인 안목이 흐려질 수 있다.

우리는 우리의 세상적 욕망과 욕구 때문에 종종 우리의 깊은 영적 필요
를 보지 못한다. 야고보와 요한은 하나님의 나라에서 첫째 자리를 구할
때 그들의 이기적인 야망을 깨닫지 못했다(막 10:35-45). 라오디게아의
그리스도인들은 세상적 번영에 만족해서 "우리는 아무 것도 필요하지 않
다"고 말했으나, 성령은 그들이 영적으로 "곤고하고, 가련하고, 가난하고,
눈멀고, 벌거벗었다"고 선언하셨다(계 3:17). 야고보는 독자들이 깊은 내
적 필요를 가지고 있으나 그것을 알지도 못하고 또 위하여 기도하지도 않
았다고 말했다(약 4:1- 3). 그들의 기도가 세상의 것만을 위한 것이기 때
문에 그들의 기도가 응답되지 않았다고 야고보는 말했다: "…정욕으로 쓰
려고 잘못 구함이라"(약 4:3).

성령은 우리 안에서 내적으로 성실하고자 하는 욕구를 일으킴으로 그리
고 우리 안에 있는 염려와 긴장을 줄임으로 우리의 깊은 필요를 보게 도우
신다. 성령은 자기 지식에 대한 내적 저항을 줄이시며, 삶에서 우리의 역
할을 아무런 가장(假裝) 없이 수행하게 하시며, 이상적으로 생각한 자아

상과 자만이라는 무장을 포기할 수 있는 힘을 주신다.

성령은 세상의 것들에 대한 우리의 욕망을 축소시킴으로 우리의 깊은 내적 필요를 깊이 보게 도우신다. 현세적인 가치는 이차적인 것이 되고, 영원한 가치가 일차적인 것이 된다. 성령은 우리 안에서 개인적인 영적 성장에 대한 깊은 갈망을 일으키시며, 우리는 자기 증대 대신에 영적 성취를 위하여, 그리고 자기 향상 대신에 하나님의 영광을 위하여 기도한다. 그런 분위기에서 우리는 우리 자신에 대하여 보다 깊이 보게 된다.

삶의 현장에 대한 해석. 우리는 우리의 깊은 내적 필요를 보지 못할 뿐 아니라, 우리가 속해 있는 삶의 현장을 잘못 해석함으로 당연히 해야 되는 기도를 하지 못한다. 삶의 현장에 있는 영적 요인들을 날카롭게 깨닫지 못한 예는 열두 제자들이 하나님 나라의 영적 특성을 깨닫지 못한 데서도 볼 수 있다. 그들은 천국의 영적 특성에 대한 예수님의 가르침을 들었으나, 지상 왕국의 회복이라는 선입견 때문에 이해하지 못했다. 이스라엘이라는 지상의 나라에 대한 욕망 때문에 그들은 다른 모든 개념에 대해서는 생각하지 않았다. 오순절 이전에 제자들은 천국의 특성을 알지 못했기 때문에 천국의 도래(到來)를 위하여 실제로 기도할 수 없었다.

우리 모두가 삶의 현장에 대하여 영적으로 제한된 깨달음을 갖는 이유는 세상적인 개념으로 생각하며 감각적인 경험을 의지하도록 훈련되었기 때문이다. 우리의 영적 깨달음은 거의 사용된 적이 없기 때문에 종종 휴면 상태이다. 열두 제자들이 천국의 영적 특성을 이해하기 위하여 성령의 계시를 필요로 했듯이, 우리도 우리의 삶의 현장에 담겨진 영적 요소를 보기 위하여 성령의 도우심을 필요로 한다.

미래의 기습. 한 발 더 나아가서, 우리는 미래를 볼 수 없기 때문에

마땅히 기도할 바를 알지 못한다. "너는 내일 일을 자랑하지 말라. 하루 동안에 무슨 일이 날는지 네가 알 수 없음이니라"(잠 27:1). 우리는 내일의 문제가 반드시 오늘의 문제와 같을 것이며, 오늘의 지혜가 내일을 위하여 충분할 것이라고 생각하는 성향을 거부해야 한다. 미래는 종종 기습적으로 우리를 찾아오며, 기대하지도, 경험하지도 못한 상황은 우리를 넘어뜨린다. 전도서의 저자는 새로운 사악한 상황이 우리를 그렇게 만든다고 묘사한다: "대저 사람은 자기의 시기를 알지 못하나니 물고기가 재앙의 그물에 걸리고 새가 올무에 걸림 같이 인생도 재앙의 날이 홀연히 임하면 거기 걸리느니라"(전 9:12).

십자가의 처형 전날 저녁, 예수님의 제자들은 그분을 버렸는데, 그 이유는 그들도 사건의 추이(推移)를 기대하지 못한 상태에서 기습적으로 당했기 때문이었다. 그 날 초저녁 예수님은 그들이 당신을 버릴 것이라고 말씀하셨으나, 그들은 자신만만한 나머지 그렇게 하지 않을 것이라고 확신하였다. 베드로는 열정적으로 이렇게 선언하였다, "내가 주와 함께 죽을지언정 주를 부인하지 않겠나이다"(막 14:31). 그의 자신감은 곧 사라졌으며, 그 날 밤 예기치 못한 사건이 일어나자 베드로는 그리스도를 부인하였다. 베드로는 그의 좋은 의도만으로는 시험의 시간에 충분히 대처하지 못한다는 것을 경험하였다.

미래를 볼 수 없다는 말은 우리 모두가 해도(海圖) 없는 바다를 지속적으로 항해한다는 것이다; 우리는 그 길을 아는 안내자를 필요로 한다. 미지의 앞날에 관한 한 우리 모두는 삶의 문제에서 아마추어일 뿐이다; 우리는 우리를 가르칠 성령을 필요로 한다.

하나님의 뜻을 알자

모든 그리스도인은 그를 위한 하나님의 뜻을 알기 위하여 성령의 도우

심을 필요로 한다. 현대의 그리스도인이 하나님의 뜻을 알기가 쉽지 않은
데, 그 이유는 우리의 문화가 그 뜻에 대한 개념을 별로 갖고 있지 않으며,
갖더라도 천박하게 갖고 있기 때문이다. 그리고 천박한 개념도 흔히 "진리
를 괴상하게 왜곡시킨 것"을 숨기는 것에 불과하며, 또한 부분적 진리는
우리로 하여금 온전한 진리를 소홀하게 한다.

하나님의 뜻을 아는 것은 기도에서 없어서는 안 되는데, 그 이유는 하나
님의 뜻은 그 뜻을 거부하려는 헛된 노력을 방지하여 주기 때문이다. 리차
드 트렌치(Richard C. Trench)는 이렇게 말했다, "기도는 하나님의 내
키지 않는 마음을 바꾸려는 것이 아니다; 기도는 하나님의 가장 높은 자원
(自願)의 마음을 붙잡는 것이다." "당신의 뜻이 나에게 맞게 변화되게 하소
서"라고 기도하면, 그리고 이지적으로 둘 더하기 둘은 다섯이 될 수도 있다
고 기도하면, 그 기도는 무익하고 해롭다.

그런 기도가 해로운 것은 지혜로운 하나님 아버지가 응답하시지 않기
때문이며, 우리는 기도가 아무런 효과가 없다고 느끼기 시작한다. 하나님
아버지는 우리가 그분의 뜻에 어긋나는 것들을 위하여 기도할 때 서글퍼지
실 수 있다.

하나님의 뜻의 특성. 성령은 하나님의 뜻이 그분의 사랑에 근거한다는
것을 우리에게 보여 주신다. 이런 사실은 성경 여러 곳에서 찾을 수 있는
데, 그것은 특히 헬라어인 *델레마*(θελεμα)에서 분명히 나타난다. *델레마*
는 "뜻"을 의미하며 종종 하나님의 뜻으로 사용된다. 이 단어는 이성과 애
정의 양면을 다 지니면서, 우리를 위한 하나님의 뜻 속에 깔려 있는 사랑
과 욕구를 암시한다. 하나님의 뜻은 그분의 은혜로운 성품으로부터 온다.
*델레마*는 하나님의 변덕스러운 명령을 대표하는 곳은 한 군데도 없으며,
오히려 우리를 향하신 하나님 아버지의 목적을 대표한다.[1]

성령은 하나님의 뜻이 언제나 선하다고 깊이 느끼게 하는데, 바울이 로마서 8장 28절에서 말한 대로이다: "우리가 알거니와 하나님을 사랑하는 자 곧 그 뜻대로 부르심을 입은 자들에게는 모든 것이 합력하여 선을 이루느니라." 우리는 하나님의 거룩한 성품 때문에 악한 것을 뜻하실 수 없다는 사실을 이해하게 된다.

하나님의 뜻을 향한 적극적 자세. 성령은 우리에게 깨끗한 정신, 정직한 마음, 겸손한 자세를 주심으로 우리가 하나님의 뜻을 분별하게 도우신다. 성령은 우리로 하여금 하나님의 뜻을 향하여 적극적 자세를 갖게 도우신다. 성령 충만한 그리스도인은 하나님의 뜻이 서글픈 체념을 요구한다고 느끼지 않는다. 하나님의 뜻은 욕망이라는 묘석(墓石)에 새겨진 비문(碑文)이 아니라, 충족된 삶에로의 부르심이다. 그리스도인은 하나님의 뜻을 아는 것이 가장 가치 있는 지식이라고 믿는다.

하나님의 뜻을 향한 적극적 자세는 우리의 소원에만 집중하던 것을 중단하고 하나님의 소원에 귀를 기울이게 만든다. 우리는 이렇게 기도한다, "주님, 당신의 종이 듣겠사오니 말씀하소서." 헨리 드러몬드는 하나님의 뜻을 알기 어려운 이유 중 구십 퍼센트는 그 뜻을 수행하기를 원하지 않는 우리의 고집이라고 힘주어서 말했다.

하나님의 뜻을 아는 길. 성령은 성경에 담겨진 우리를 위한 하나님의 뜻을 알 수 있게 도우신다. 우리의 생각이 하나님의 소원을 기대하면서 열려지면 우리는 진리를 더 이상 두려워하지 않는다. 우리는 그 진리를 피하는 대신 추구한다; 방어의 자세가 추구의 자세로 바뀐다. 성경은 더

---

1 Hermann Cremer, *Biblico-Theological Lexicon of the New Testament*, tr. William Urwick, 4th ed. (Edinburgh: Clark, 1892), p. 728.

이상 명령의 책이 아니다; 성경은 인생의 지침서가 된다.

　그뿐 아니라, 빅토 유고(Victor Hugo)가 말한 대로, "하나님은 신비로운 언어로 쓰여진 애매해 보이는 성경에서 그리고 주변의 사건에서 그분의 뜻을 사람들에게 보이신다." 성령은 우리 주변에서 일어나는 사건들에서 하나님의 손길을 보게 하신다. 때때로 성령은 그 사건들에서 기회를 보여 주시며, 때로는 하나님의 경고를 보여 주신다.

　한 발 더 나아가서, 성령은 우리가 다른 그리스도인들과 사귐을 나누면서 하나님의 뜻을 보여 주신다. 교제는 초대 교인들의 생활에서 없어서는 안 되었는데, 그 이유는 소그룹 모임은 가르침과 경험을 서로 나누는 시간이기 때문이었다. 어떻게 하나님이 어려운 상황을 극복하게 하셨는지를 나눌 때 그것은 종종 비슷한 상황에 처한 사람들에게는 하나님의 뜻의 계시였다. 예수님도 제자들에게 이렇게 확신시켜 주셨던 것이다, "두 세 사람이 내 이름으로 모인 곳에는 나도 그들 중에 있느니라"(마 18:20).

　마지막으로, 하나님의 영은 우리의 생각—성경과 과거의 지식에 현재의 깨달음, 우리의 열망과 소망, 기타 많은 심리적 자료 등을 결합한 생각—을 인도함으로 하나님의 뜻을 분별하고 또 깨닫게 도우신다. 인간의 정신 활동에 기초한 이 방법은 성령에 의하여 안내를 받아야 하며, 그렇지 않으면 그 방법은 실패한다. 우리가 이 방법을 사용할 때, 우리는 성령이 인도하셨다는 확신을 가질 때까지 결론을 유보(留保)해야 한다. 우리는 이렇게 말해야 한다, "주님, 이것은 나에게 '옳게' 보입니다. 그러나 나는 한 가지 관점에서 밖에 볼 수 없습니다; 이것이 하늘에서는 어떻게 보입니까?"[2]

2　Joseph Parker, *The People's Bible*, 25 vols. (New York: Funk and Wagnalls, 1892), 17:32.

결   론

앤드류 머레이(Andrew Murray)는 기도에 관한 그의 위대한 저서에
『기도의 학교에서 그리스도와 함께』(With Christ in the School of
Prayer)라는 제목을 붙였다. 예수님이 열두 제자들에게 "기도의 학교"에
서 가르치신 것처럼, 성령은 오늘의 믿는 자들을 가르치신다. 이 기도 학
교는 우리 자신과 하나님에 관한 기본적 지식과 실제적인 기도의 실천을
강조한다. 교과 과정은 예수님의 가르침과 성경이다. 이 학교에서 훌륭한
학생은 공부하는 주제를 아주 깊이 알며 동시에 그의 지식을 실천하는 사
람이다.

위대한 경건의 사람 헨리 애미엘(Henri Amiel)이 기도 생활에서 성장
한 이유 가운데 하나는 그가 기도했기 때문이었다. 한 번은 그가 하나님께
이렇게 감사하였다: "내가 당신 앞에서 보낸 기도의 시간을 감사합니다.
당신의 뜻은 내게 분명했습니다; 나는 나의 잘못을 헤아렸으며, 나의 슬픔
을 헤아렸으며, 그리고 나를 향한 당신의 선하심을 느꼈습니다. 나는 나
자신의 무익을 깨달았습니다; 당신은 내게 평안을 주셨습니다."[3]

멕다일드(Mechthild of Magdeburg)는 기도하는 중에 성장하면서
기도의 결과를 조사하였다. 그녀는 이렇게 말했다, "기도는 슬픈 마음을
기쁘게, 가난한 마음을 부요하게, 어리석은 마음을 지혜롭게, 연약한 마음
을 용감하게, 병든 마음을 건강하게, 눈 먼 마음을 보게, 그리고 차가운
마음을 불로 가득 차게 만듭니다."[4]

---

3 Friedrich Heiler, *Prayer: A Study in the History and Psychology of
   Religion,* ed. and tr. Samuel McComb (New York: Oxford, 1932), p. 112.
4 Ibid., p. 112.

토의를 위한 질문

1. 기도의 정의는 많이 있다. 당신은 어떻게 정의하겠는가?

2. 연구에 의하면, 거의 모든 사람은 자신의 인성(personality)에 대하여 평균보다는 많이 안다고 믿는다. 이것은 인간의 본성에 대하여 무엇을 가르치는가? 우리의 친구들 가운데 우리가 우리 자신을 아는 것보다 어떤 면에서 더 많이 아는 사람은 없는가?

3. 우리 가운데 성령이 우리에게 미래의 사건을 계시하신다고 말할 사람은 거의 없을 것이다. 만일 성령이 그렇게 하셨다면 우리에게 도움이 되겠는가?

4. 당신은 모든 사람이 열등감이나 죄의식을 느끼지 않으려고 시시때때로 방어의 방법을 사용한다고 생각하는가? 이것은 언제나 나쁜가?

5. 당신은 부분적인 진리가 우리로 하여금 온전한 진리를 소홀하게 한다는 발언을 예시(例示)할 수 있는가?

6. 성령은 우리가 구할 때마다 하나님의 뜻을 계시하시는가?

7. 하나님의 뜻은 항상 그분의 사랑에 뿌리를 두는가?

8. 우리를 위한 하나님의 뜻을 결정하기 위하여 성경을 사용하는 중요한 원리는 무엇인가?

9. 우리 가운데 많은 사람은 기도를 충분히 하지 못한다. 그 이유는 무엇이라고 생각하는가? 우리의 기도 생활을 보다 효율적으로 만들기 위하여 무엇을 할 수 있는가?

9

성령은 우리로 하여금 하나님을 신뢰하게 하신다

영적으로 준비된 사람들만이 그들의 기도를 응답하시는 하나님을 신뢰한다. 신뢰는 영적으로 메마르거나 차가운 마음에서 솟아나지 않는다.

오히려 신뢰는 성령과 믿는 자 사이의 관계로부터 오는데, 그 관계에서 성령은 신뢰할 수 있는 확실한 근거를 주는 진리를 붙잡게 하며 또한 하나님 아버지를 신뢰할 수 있는 정신적-감성적 성향을 갖게 하신다.

하나님의 관심과 편재(偏在)를 알자

하나님의 관심과 상존(常存)을 지적으로 알면 우리 안에 하나님을 신뢰할 수 있는 동기와 성향이 크게 향상된다. 하나님이 언제나 우리 곁에 계신다는 생각은 하나님이 늘 도우실 수 있다는 느낌을 갖게 해 준다. 하나님이 우리의 생활 전반에 대해 깊은 관심을 가지고 있는 은혜의 하나님 아버지라는 사실을 알면 우리는 그분의 도우심에 대하여 확신할 수 있다. 신뢰의 삶은 확실한 지적 근거를 소지(所持)해야 한다; 하나님께 대한 감정만으로는 충분하지 않다.

키에르케고르는 이렇게 기록하였다, "모든 사람의 깊은 곳에는 세상에서 홀로 되리라는 두려움, 하나님으로부터 잊혀진다는 두려움, 엄청나게 많은 집안 일 속에서 무시된다는 두려움이 있다."[1] 우리 곁에 계시는 사랑

---

1 *The Journal of Soren Kierkegaard*, ed. & tr. Alexander Dru (New York: 1959), p. 129.

과 은혜의 하나님에 대한 확실한 믿음은 우주적 고립이라는 느낌에서 벗어
나게끔 돕는다.

하나님에 대한 성경적 견해. 하나님에 대한 우리의 신뢰는 성경 지식에
깊이 의존하는데, 그 이유는 성경이 우리의 신학적 믿음의 기초이기 때문
이다. 만일 우리가 하나님에 대하여 성경을 근거로 알고 있다면, 신뢰의
잠재력은 대단하다; 만일 우리가 성경을 근거로 알지 못한다면 그 잠재력
은 작다.

성령은 하나님의 편재와 관심에 대한 성경의 개념이 우리의 마음 속에
깊이 뿌리를 박고 또 퍼지게 한다―우리가 단순히 지적으로 동의하는 개념
보다 훨씬 깊게 뿌리를 박게 한다.

이런 개념이 우리의 마음에 퍼짐에 따라, 우리는 정신적으로 하나님을
신뢰할 준비가 되어 자발적인 믿음을 갖게 된다. 믿음으로 유명해진 사람
들은 하나님이 인간 가까이 계시면서 돌보신다는 진리를 역동적(力動的)
으로 제시하였다. 하나님께 대한 이런 기본적 진리는 종종 우리의 마음과
생각에서는 정적(靜的)으로 되었으나, 성령은 이런 진리를 우리에게 역동
적으로 만드신다. 메마른 부싯돌처럼, 하나님은 이런 진리를 그분의 임재
를 통하여 불붙게 하시며 동시에 보다 깊고 새로운 의미를 부여하신다.

구약 성경은 우수한 은유법(隱喩法)으로 하나님이 어려움을 당하고 있
는 당신의 자녀들을 돕기 위하여 먼저 손을 뻗치시는 모습을 그리고 있다:
"여호와의 눈은 온 땅을 두루 감찰하사 전심으로 자기에게 향하는 자를 위
하여 능력을 베푸시나니..."(대하 16:9). 욥은 하나님이 곁에 계시면서,
그의 모든 길을 감찰하시며 그의 걸음을 세신다고 말했다. 다윗은 그의
큰 고난의 때에 이렇게 말했다, "여호와의 사자가 주를 경외하는 자를 둘러
진치고 저희를 건지시는도다"(시 34:7). 다윗의 생애에서 기도는 역동적

인 힘이었는데, 그 이유는 "여호와의 눈은 의인을 향하시고 그 귀는 저희 부르짖음에 기울이신다"는 것을 믿었기 때문이다(시 34:15). 다윗은 "아비가 자식을 불쌍히 여김 같이 여호와께서 자기를 경외하는 자를 불쌍히 여기시나니"라고 고백하였다(시 103:13). 하나님의 도우심이 개인에게 적용되는 것으로 묘사되었는데, 이는 하나님이 "우리의 체질을 아실 뿐" 아니라, "우리가 진토임"에 대하여 동정하시기 때문이다(시 103:14).

하나님은 주도적으로 예수를 지상에 보내어 인간을 돕고 또 구원하셨다; 죄 많은 지상의 인간들은 그리스도께 도움을 요청한 적이 없었다. 하나님의 아들은 지상의 사역에서 주도적으로 사람들을 도우셨다. 그분은 베데스다 연못가에 여러 해 동안 누워있던 낙심할 대로 낙심한 중풍병자에게 "고침을 받기 원하느냐?"라는 물음으로 그를 놀라게 하셨다(요 5:6). 그리스도는 장례 행렬을 멈추고 죽은 아들을 살리심으로 나인성의 과부는 물론 조문객들을 놀라게 하셨다(눅 7:11-17).

예수님의 말씀은 다른 어떤 사람의 말보다 개개인을 향한 하나님 아버지의 관심을 강조하고 있다. 그분은 "오늘 있다가 내일 아궁이에 던지우는" 들풀에게도 옷을 입히신다고 하셨다(마 6:30). 예수님은 하나님이 새들을 먹이시며, 참새 한 마리도 "하나님의 뜻이 아니면" 땅에 떨어지지 않는다고 말씀하셨다(마 10:29). 예수님의 요점은 하나님이 이런 미물(微物)에게도 이토록 관심을 가지신다면, 사람에 대한 하나님 아버지의 관심이 얼마나 크겠는가 하는 것이다.

바울은 "하나님을 사랑하는 자 곧 그 뜻대로 부르심을 입은 자들에게는 모든 것이 합력하여 선을 이룬다"는 불굴의 확신을 갖고 있었다(롬 8:28). 하나님의 의가 위태로워지고 또 그분의 자녀들이 도움을 필요로 할 때, 그분은 일부 인간들처럼 방관하지 않고 인간의 곤경에 몸소 뛰어드신다.

성경의 하나님을 믿을 때 일어나는 결과. 우리가 상존하시는 하나님이 세상에서 역사하시며 자녀들의 아주 사소한 필요에도 신경을 쓰신다는 것을 깊이 믿을 때, 커다란 개인적 유익이 우리에게 주어진다. 우리는 더 이상 외롭고 적의에 찬 세상에 있다고 느끼지 않는데, 그 이유는 하나님의 사랑이 세상 어디에나 있기 때문이다. 우리는 이 세상의 사소한 흥미에 얽매이지 않고 보다 넓은 인생에 거하며,2) 모든 것을 지탱하고 있는 정다운 어떤 능력에 붙잡혀 있다고 깊이 느낀다.

하나님이 당신의 세계 어디에나 계시다는 것을 우리가 진실로 믿을 때, 우리는 *평범한 것들 위에도 신성한 손길*이 있다고 느낀다. 윌리엄 템플의 말처럼, 우리는 우주를 "신성한 우주"로 보게 된다. 그리스도인은 세상에서 "집에 있다"는 어떤 편안한 느낌을 가져다 주는 순수한 영적 친밀감 같은 것을 인식하게 된다. 그리스도인은 "이것은 내 아버지의 세계이며, 나는 그 세계에서 아버지와 관계를 가질 수 있다"고 말할 수 있다.

그리스도인은 그의 곁에 그리고 안에 계신 하나님의 임재를 생각하면서 어떤 *안전의 느낌*을 갖는다. 그는 외로운 고아와 같은 느낌을 갖지 않는다. 그는 이 생애에서 건강한 안전의 느낌을 가지며, 그리스도에 대한 믿음을 통해 영원히 안전하다. 그는 사물의 유동(流動)에 따라 영향을 받지 않는 영원하신 분과 연결되어 있는 것이다. 그는 안전을 느끼는데, 그 이유는 그의 신뢰가 거룩한 약속과 그 밖의 여러 성경적 진리에 굳게 근거하기 때문이다.

세상에서 하나님의 임재를 느끼면 우리는 영적 가치를 보다 귀하게 여기게 된다. 사랑은 세상의 소유보다 더 가치 있고, 경건한 만족이 은행 예금 보다 더 가치 있다. 인생에서 믿음은 없어서는 안 될 요소이다. 믿음이

---

2 James, *Varieties of Religious Experience*, p. 272.

란 하나님의 주도권에 대한 우리의 반응이다. 우리는 "우리 안에 살아 계신 그리스도가 선창자(先唱者)요 우리는 응답자이다. 우리가 시작한 것처럼 보이는 것은 모두 그분의 은밀한 실존과 우리 안에서의 역사에 대한 반응이요 간증일 뿐이다.3)

민음은 지속적인 것인데, 우리의 생애는 "영원히 변화되기" 때문이다. 그리스도인은 하나님의 창조 활동이 믿는 자들의 마음에서 계속되는 것을 믿는다. 그리스도인은 "그 자신이 변화되고 있는 활동적인 세상, 곧 만물의 저 깊고도 최초의 생명—그 생명으로부터 우리의 생명이 일어난다—과 하나라는 것"을 안다.4) 하나님의 능력 있는 영은 내적으로 정체된 상태를 변화시키며 잘못된 상황을 정정하신다. 우리가 하나님의 임재를 느끼며 전진하고 있다고 믿을 때 우리는 희망과 기대로 가득 차게 된다.

그리스도를 통하여 하나님을 알자

당신은 이런 질문을 할 수 있다, "나는 그리스도인으로서 어떻게 하나님을 보다 잘 알 수 있을까? 지금 무엇을 해야 하나?" 많은 사람들은 무엇보다도 다시 복음서를 읽으면서 예수 그리스도를 보다 깊이 알아야 한다. 그리스도의 지상 사역을 이어받은 성령은 모든 믿는 자를 위하여 복음서를 해석해 주신다. 예수님은 이렇게 말씀하셨다, 성령이 "너희에게 모든 것을 가르치시고 내가 너희에게 말한 모든 것을 생각나게 하시리라"(요 14:26). 우리는 개인적으로 복음서를 "다시 재현함으로" 그리스도와 가까워지며, 가까워짐에 따라 하나님을 알게 된다. 성령은 하나님을 보다 잘 알게 하기 위하여 예수님이 처음의 제자들에게 사용하셨던 교과 과정을

---

3 Thomas R. Kelly, *A Testament of Devotion*, 10th ed. ·(New York: Harper, 1941), p. 30.
4 Evelyn Underhill, *Mysticism* (London: Methuen, 1911), pp. 42-43.

똑같이 우리에게 사용하신다.

성육신하신 그리스도의 사역은 갈릴리에서 그분을 따른 소수의 특권층만을 위하지 않았다; 그 사역은 어느 곳이든 어느 때이든 상관 없이 모든 사람을 위한 것이었다. 예수님은 이렇게 말씀하셨다, "내가 너희에게 이른 말이 영이요 생명이라"(요 6:63). 예수님의 놀라운 사역은 언제나 현대적인데, 그 이유는 내주하시는 그리스도는 당신의 자녀들의 세상적 필요와 영적 필요를 위하여 계속적으로 사역하고 계시기 때문이다.

간혹 우리는 그리스도를 갈릴리에서 보고 들은 사람들의 위치와 비교해서 복음서와 그리스도를 너무나 조금밖에 모른다고 핑계한다. 우리는 이렇게 말할 수 있다, "나도 예수님의 말씀을 직접 듣고 그분의 기적을 보았다면 훌륭한 제자가 되었을 것이다." 그러나 우리는 예수님이 육체적으로 임재하면서 사람들에게 강제로 당신의 말씀을 받아들이라고 하신 적이 없다는 사실을 간과(看過)한다. 갈릴리와 유대에 있는 많은 사람들은 조금도 감동을 받지 않았다. 예를 들면, 가버나움의 많은 사람들이 예수님의 말씀을 들으려고 잠깐 머물렀다가 세상의 일을 위하여 급하게 갔음에 틀림없다. 진리의 수용은 외적 상태보다는 듣는 자의 마음의 상태에 달려 있다.

복음서의 재현(再現).   성령은 우리로 하여금 복음서를 "실존적으로", 다시 말해서 우리의 전 인격―우리의 지적, 감성적, 의지적 능력―으로 읽는 것을 도우신다. 다시 말해서, 우리는 말씀을 우리의 내적 삶의 일부로 만든다.

성령은 첫 제자들의 경험과 필요가 우리의 것과 같다는 것을 보면서 우리를 그들과 동일시하도록 도우신다. 그렇게 될 때, 예수님이 실제로 우리에게 말씀하고 계시는 것처럼 보이며, 따라서 그분의 말씀이 우리에게 너무나 잘 적용되는 말씀으로 다가온다.

성령은 우리로 하여금 정신적으로 복음서와 교류하게 하신다. 우리는 우리가 읽는 진리를 긍정할 수 있다. 우리는 마치 우리에게 던져진 적절한 질문처럼 응답할 수 있다. 우리는 예수님의 놀라운 역사를 보고 가버나움에 있던 어떤 사람들이 놀란 것처럼 놀라움을 표현할 수 있다: "우리가 이런 일을 도무지 보지 못하였더라"(막 2:12). 우리도 "그 입으로 나오는 바 은혜로운 말을 기이히 여길" 수 있다(눅 4:22).

성령은 때때로 우리를 각 용어의 의미 이상으로 인도하심으로 우리에게 복음서의 정신을 파악하게 하신다. 문자는 시가 아니라 사고의 상징에 불과한 것처럼, 성경의 용어도 하나님의 완전한 계시는 아니다. 깊은 진리는 용어들 뒤에 숨어있는 법이다. 성육신의 의미는 용어만으로는 설명될 수 없다. 용어들은 문제 속에서 허우적거리는 사람들을 위한 하나님의 넓고도 측량할 수 없는 관심을 가리킬 뿐이다. 그리스도의 십자가의 의미도 역시 용어만으로는 표현될 수 없다. 여기에서도 역시 용어는 사람들을 향한 하나님의 다함없는 사랑을 증거한다. 성령이 우리를 복음서의 정신으로 인도하실 때 복음서의 메시지는 훨씬 더 위대하게 된다.

앎은 믿음을 일구어 낸다. 초대의 제자들은 그리스도를 알기 때문에 하나님에 대한 불굴의 믿음을 갖게 되었다. 그러나, 사도 시대 이후에도 성령의 지도 아래 복음서와 기타의 성경 말씀을 연구하면 같은 결과를 일구어 낸다는 사실을 시인해야 할 것이다.

그러나, 하나님을 알려면 우리에게는 기록된 말씀과 성령이 있어야 한다. 성령이 없다면 말씀의 깊은 진리는 드러나지 않는다(고전 2: 4-16). 성령의 도우심 없이 성경을 읽을 때 우리는 성경에 담겨진 진리를 거의 보지 못하는데, 그 이유는 성경을 세상적인 개념이라는 안목으로 해석하는 경향이 있기 때문이다. 많은 사람은 바로 이런 이유 때문에 성경을 읽어도 깨닫지 못하는 것이다. 반면에, 성경 자체를 무시한 채 성령의 조명을 강조하는 것도 똑같이 위험하다. 만일 우리가 주로 묵상, 기도, 인간적 신관(神觀)의 교환을 통해서 하나님을 알려 하면, 우리는 지도도 없는 여행길을 닥치는 대로 가게 될 것이다. 기독교 신비주의자들 가운데는 하나님의 말씀을 과소 평가하면서 아무런 성경의 뒷받침도 없는 길을 계속한 사람들도 있었다.

하나님을 신뢰하게 하다

성령은 각가지의 경험을 통하여 우리의 기도를 응답하시는 하나님을 신뢰할 수 있는 감성적 상태로 우리를 인도하신다. 그분의 내주 때문에 새로운 자세들이 생겨나며, 그리고 이런 자세들은 우리로 하여금 하나님을 신뢰하게 한다. 그런 자세들은 우리를 믿음 뿐 아니라 그 믿음에 자연스러운 행동도 더해 준다. 두 가지의 상호적인 느낌—성령이 우리 안에서 이루시는 느낌과 강한 동기를 통하여 믿음을 갖게 하는 느낌—을 보자.

필요의 느낌. 하나님을 필요로 한다는 인간의 느낌은 그로 하여금 하나님을 찾고 또 신뢰하도록 동기를 부여하는 일차적인 요소이다.5) 인생의 여러 문제를 스스로 다룰 수 있다고 보는 사람은 하나님을 신뢰할 필요를 조금도 느끼지 않는다; 그러나 하나님 앞에서 스스로를 부족하게 보는 사람은 그분을 신뢰할 수 있다.

죄 가운데서 태어난 인간은 자기 만족감에 빠질 수 있는 강한 내적 충동을 갖고 있다. 신학자들은 이와 같은 자기 만족의 자세가 팽배하여 있을

---

5 철학자이자 신학자인 슐라이에르마허는 하나님과 인간의 관계에서 "필요의 느낌"을 최초로, 아니 어쩌면 지나치게 강조하였다. 그 이후 많은 종교 심리학자들은 이런 강조의 가치를 보게 되었다.

뿐 아니라 심각하다고 오랫동안 강조하였다. 단테(Dante)는 죄의 목록에서 자기 만족을 제일 먼저 놓았다. 토마스 아퀴나스는 자기 만족을 하나님에 대한 인간의 반항의 근거로 간주하였다.

성령은 우리로 하여금 우리의 부족을 보게 하시며 따라서 겸손의 자세를 취하게 도우신다. 하나님을 환상 중에 본 이사야는 이렇게 말했다. "화로다! 나여 망하게 되었도다…"(사 6:5). 주님이 예레미야를 선지자로 임명하시자 그는 이렇게 말했다. "…주 여호와여, 보소서. 나는 아이라 말할 줄을 알지 못하나이다"(렘 1:6). 베드로는 예수님께 이렇게 말했다. "주여, 나를 떠나소서. 나는 죄인이로소이다"(눅 5: 8).

하나님의 임재는 지금도 사람들로 하여금 피조물이며, 부족하며, 겸손하게 느끼게 하며, 그런 때에 우리는 우리 자신—우리의 자아와 스스로 뽐내는 지혜와 힘—을 현실적으로 볼 수 있다. 전지전능한 분 앞에서 가식(假飾)하고자 하는 충동은 있을 수 없다.

열망과 소망. 성령은 우리 안에서 보다 나은 삶에 대한 열망을 일으킴으로 우리로 하여금 하나님을 신뢰하도록 인도하기도 하신다. 성령은 우리로 하여금 물리적으로 빼앗기고 영적으로 적막하게 느끼도록 내버려두지 않으시는데, 그 이유는 성령은 우리가 평범한 삶에 적응되기를 원하시지 않기 때문이다. 성령은 우리에게 보다 나은 삶의 가능성을 보여 주시며 동시에 우리 안에서 그 가능성을 실현하고자 하는 깊은 욕구를 일으키신다.

그리스도인이 열망하는 것은 우선 그의 내적 삶을 부요하게 하는 것이다. 그리고 내적 능력은 그에게 영적 전진을 격려한다; 내적 충동은 그가 필요한 것을 위하여 하나님을 신뢰하도록 재촉한다. 열망은 소망으로 가는 길을 예비하는데, 그 소망은 열망이 실현될 수 있다는 인정이기도 하다. 열망과 소망은 "미덕의 부모," 곧 믿음의 인생에서 선구자이다. 열망과 소망은 새로운 목표를 마음에 그리게 하며 또 그리스도인으로 성장하게 하면서 인생의 안내판이 된다.

소망은 인간의 마음이 실망으로 휩싸여 있을 때 부는 하늘의 바람처럼, 인생에 새로운 원기(元氣)를 가져다 준다. 소망은 새로운 하루의 신호인 해돋이처럼, 우리에게 새로워진 행동을 하도록 우리를 도전한다. 소망은 우리의 영적 생활에 활력을 가져다 주며, 그 활력을 통하여 반복되는 믿음의 행동이 발생한다. 십자가의 요한은 이사야 40장 31절을 이렇게 번역하였다: "오직 여호와를 앙망(hope)하는 자는 새 힘을 얻으리니...." 소망은 영적으로 활기있게 만든다.

열망과 소망은 인생을 살아가면서 우리를 믿음의 문으로 인도한다. 열망은 이 진리를 따라 우리를 인도하나, 얼마 가지 않아서 열망은 소망을 그리워하게 한다. 우리가 마침내 믿음의 문에 도달하자, 소망이 말한다, "지금이야말로 믿을 때이다."

믿음이지 추측이 아니다

추측과 믿음을 구분하는 것은 중요하며, 그래야 우리는 성령의 인도를 따라 추측이라는 어중간한 입장을 넘어 하나님께 대한 순수한 신뢰로 갈 수 있다. 인간의 정신은 영적 문제에서 종종 무기력하기에 최후의 목표에 이르기 전에 중단하는 경향이 있다. 반면, 추측과 믿음을 분명히 구분하면, 우리가 믿음으로 기도한다고 생각함에도 불구하고 우리의 기도가 왜 응답되지 않는가를 이해할 수 있다. 그런 것을 구분하면 하나님의 신뢰성에 대하여 실망하는 일은 있지 않을 것이다.

추측은 종종 순수하게 보이는 가짜의 "믿음"이다. 추측은 흔히 당면한 문제에 대한 하나님의 뜻을 분별하기도 전에 하나님이 우리를 삶의 현장에서 도우실 것이라는 정신적 결론에 불과하다. 시시때때로 구약 성경에서 추측이라는 단어는 "앞서 간다"의 의미이다; 우리가 계시된 하나님의 뜻보다 앞서 달려갈 때 우리는 추측하는 것이다. 추측은 흔히 강한 개인의 소원에서 생긴다; 반면, 믿음은 하나님의 말씀을 연구하면서 하나님과 교제를 가질 때 생긴다.

추측은 종종 다혈질의 사람이 "모든 것이 잘 될 거야"라는 낙천적인 결론이다. 추측은 시시때때로 다음의 삼단 논법을 무비판적으로 수용한 결과이다: "하나님은 선하시다; 하나님은 당신의 자녀들이 고난 당하는 것을 싫어하신다; 그러므로 하나님은 나에게 고난을 허락하지 않으실 것이다." 추측은 때때로 우리가 처한 삶의 현장을 좁게 그리고 부분적으로 보는 결과이기도 하다. 뿐만 아니라, 추측은 우리가 원하는 것들을 소유할 수 있다는 생각의 결과일 때도 있다. 추측은 감성적인 견지에서 기본적으로 건강하고 진지한 사람들의 생활에서 나타날 수 있다.

추측은 거짓된 예언과도 연관될 수 있다. 예를 들면, 구약 성경의 거짓된 선지자들은 그들의 생각을 순수한 하나님의 메시지라고 보고하였다; 추측하는 사람들은 하나님이 그들을 위하여 해 주신다는 분명한 확신도 없이 그들의 생애에서 하나님이 어떤 일을 해 주시리라고 보고한다. 거짓 예언과 추측은 인간의 조작이며, 인간의 위조(僞造)로서, 하나님의 진노를 일으키는 역행(逆行)이다. 구약 성경은 이런 것을 엄중하게 경고하였다: "내가 고하라고 명하지 아니한 말을 어떤 선지자가 만일 방자히 내 이름으로 고하면...그 선지자는 죽임을 당하리라"(신 18:20).

성령은 인간의 마음이란 그가 믿기를 원하는 것을 "믿는" 강한 충동을 가지고 있다는 사실을 우리에게 보여 주심으로 우리로 하여금 추측을 피하도록 도우신다. 인간의 마음은 여러 가지의 탈출구와 방어의 수단을 활용함으로 위협과 난관에서 자아를 보호하려고 노력한다. 심리 치료자들은 사람들이 그들의 생애를 호의적인 그리고 스스로를 높이는 견해를 유지하려 한다는 실험적인 증거를 많이 가지고 있다.

성령은 우리의 실제적인 필요를 우리에게 확인시켜 줌으로 우리로 하여금 추측을 피할 수 있도록 도우신다. 성령은 우리에게 우리가 원하는 것 가운데 쓸데없거나 아니면 영적으로 해로운 것이 있으면 알려 주신다. 성령은 삶에서 지속적인 가치가 있는 것을 예민하게 알려 주신다. 성령은 우리로 하여금 그리스도인의 안목으로 모든 것을 볼 수 있도록 힘을 주신다.

성령은 우리에게 하나님의 뜻을 알 수 있게 하시며, 그 결과 우리는 믿음으로 하나님께 반응할 수 있는 것이다. 성령은 관련된 성경 구절들을 우리에게 살아서 비추어 주시는데, 그리할 때 그 말씀들은 우리에게 직접 주신 것처럼 받아들여진다. 성령은 시시때때로 우리의 기도를 하나님 아버지와 직접 대화하는 것처럼 만들어 주시며, 우리로 하여금 "그분의 말씀을 들을 때" 거룩한 뜻을 분별하도록 도우신다. 성령은 우리가 그리스도인 친구들과 대화할 때 거룩한 뜻을 분별하도록 도우신다.

성령은 우리로 하여금 시편 기자처럼 "나의 하나님이여 내가 주의 뜻 행하기를 즐기오니 주의 법이 나의 심중에 있나이다"라고 말할 수 있게 함으로 순수한 믿음으로 나아가는 길을 예비하도록 도우신다(시 40:8). 개인적으로 문제와 고난을 당하고 있을 때, 성령은 우리로 하여금 이렇게 기도하신 예수님과 비슷한 마음을 갖게 하신다: "아바 아버지여, 아버지께는 모든 것이 가능하오니 이 잔을 내게서 옮기시옵소서; 그러나 나의 원대로 마옵시고 아버지의 원대로 하옵소서"(막 14:36).

결   론

성령은 우리의 생활이라는 심토(心土)에서 신뢰의 삶이라는 열매를 맺을 수 있는 영적 풍요를 창조하기 위하여 역사하신다. 예수님은 믿음이 좋은 땅에서 생긴다는 것을 강조하셨다. 어떤 사람도 스스로 하나님을 신뢰하게 만들 수 없다; 하나님께 대한 신뢰는 성령이 준비하신 인성에서 생겨난다.

성령은 우리 안에서 거룩한 임재와 영적 가치에 대하여 공손한 자세를 조성하신다. 우리는 우리의 하나님 아버지에 대하여 따뜻하고도 신뢰할 수 있는 느낌을 가지고 있는데, 그 아버지는 항상 우리와 가까이 계신다. 우리의 생활 가운데서 하나님을 의식하면 우리는 삶에서 영적인 일들을 깨닫게 된다. 성령은 우리로 하여금 예수 그리스도를 충분히 감사하도록 도우시며, 우리의 가장 큰 소원은 예수님이 우리의 삶에서 주님이 되시는 것이다. 그런 관점과 느낌 때문에 우리는 성령이 믿음의 생활에서 우리를 인도하심에 따라 긍정적으로 반응할 수 있는 것이다.

그뿐 아니라, 믿음에 대한 깊은 내면적 근거는 영적 실재에 대한 느낌을 포함한다. 그리스도인은 근본적으로 영적인 세계에서 살고 있다고 믿는데, 왜냐하면 하나님이 우주를 지탱하시며 또 그 안에서 역사하시며, 그 안에 살고 있는 사람들의 구속과 복지를 위하여 일하고 계시기 때문이다. 하나님은 아주 먼 우주 어느 구석에서 살면서 당신의 자녀들에 대하여는 무관심한 자연신과 같은 은둔자가 아니시다. 세상에서 그분의 임재는 영원한 가치가 있는 의미를 지닌 빛으로 비추며, 믿음은 이런 가치를 실현해 준다.

토의를 위한 질문

1. 구원의 믿음은 기본적으로 다음의 두 가지를 포함한다: 그리스도에 대한 결단과 신뢰. 우리가 매일의 축복을 위하여 하나님께 기도할 때 이 두 요소는 어떻게 기본적인가?

2. 믿음의 생활에서 하나님의 말씀은 얼마나 중요한가? 로마서 10:17을 보라.

3. 왜 어떤 그리스도인들은 다른 사람보다 큰 믿음을 가지고 있는가?

4. 종종 그리스도인의 믿음은 다음의 요소에 의하여 결정된다고 여겨진다: (1) 신뢰할만한 (아니면 신뢰할 수 없는) 사람들과의 유아기의 경험, (2) 선천적인 성격, (3) 개인적인 감성적 적응. 독자는 이런 요소들이 하나님을 신뢰하는 일에 중요하다고 생각하는가?

5. "하나님께 대한 신뢰"는 순수한 믿음이지 추측이 아니라고 우리는 항상 확신하는가?

6. 열망이 없기 때문에 우리에게 믿음이 없다는 것은 어느 정도까지 그런가?

7. 소망은 진정으로 믿음의 선구자인가? 우리가 소망하지 않는 것들에 대하여 우리는 하나님을 신뢰할 수 있는가?

8. 위대한 믿음을 드러낸 신약 성경의 사람들을 생각해 보라: 문둥 병자(마 8:2), 백부장(마 8:5-10), 직원(마 9:18), 장님(마 9:27- 31), 많은 병자들(마 14:34-36), 수로보니게 여인(마 15:21- 28).

9. 믿음에 대한 장애물들을 생각해 보라: 비웃는 사람들(요 9:23- 25), 믿지 않는 친구들(막 5:35-36), 낙담되는 환경(눅 5:18- 19), 믿는 친구들로부터 동정을 받지 못함(마 15:21-28).

10. 믿음은 성령의 은사 가운데 하나이다(고전 12:9). 당신은 지금도 성령은 어떤 그리스도인에게 하나님을 신뢰할 수 있는 특별한 능력을 주시는가? 어떤 의미에서 우리의 믿음은 언제나 하나님에게서 "온" 것인가?

제 3 부

성령은 승리의 삶을 가능하게 하신다

10

성령은 우리의 신앙 성장을 촉진시키신다

우리는 다음의 상황에서 그리스도인으로 성장한다: (1) 성령이 우리의 내적인 영적 필요를 알게 해 주시는 상황에서, 그리고 (2) 그러한 필요를 충족시켜 줄 은혜를 위하여 우리가 하나님을 신뢰하면서 반응하는 상황에서. 랄프 에머슨(Ralph Waldo Emerson)은 이렇게 말했다: 우리가 마땅히 해야 한다고 인식(認識)하고 있는 일을 실제로 행할 때 "그 인식은 인격으로 변한다." 그리스도인의 생활에서, 우리가 무능(無能)을 느끼며 우리를 돕는 은혜를 위하여 하나님을 신뢰할 때 우리의 인식은 영적 성장으로 변한다.

자아를 알며 동시에 하나님을 신뢰하면 우리는 점진적으로 그리고 갑자기 성장한다. 우리가 점진적으로 성장할 때는, 성령의 임재로 성장을 촉진시키는 내적으로 훈훈한 영적 분위기가 형성되어 성령이 거룩한 진리를 우리에게 해석해 주며 우리를 의의 길로 인도할 때이다. 성령은 우리로 하여금 갑자기 성장하도록 도우시기도 하는데, 본 장에서는 그런 종류의 성장을 다루고자 한다.

영적 성장은 일반적으로 인품의 성장처럼 육체적 성장과 다른데, 육체적 성장은 거의 언제나 점진적이다. 영적 성장은 대부분 작은 도약 내지 큰 도약으로 이루어진다. 아놀드 토인비(Arnold J. Toynbee)가 문명의 성장에 대해서 말한 것같이, 우리는 "계속되는 도전에 성공적인 반응을 보일 때 성장한다." 우리가 그리스도를 실망시킬 때, 그 이유를 분명히 알고 그리고 우리의 내적 필요를 충족시키기 위하여 하나님을 신뢰한다면, 우리는 급속도로 성장한다. 우리는 종종 인생의 크고 작은 위기를 만날 때 비약적으로 성장한다

우리는 하나님의 말씀을 읽을 때, 또는 배우거나 들을 때, 내적으로 영적 필요를 감지(感知)하게 된다. 우리가 다른 그리스도인들과 교제하는 동안이나 아니면 조용히 묵상하는 동안에 자아를 깊이 깨달을 수 있다. 그런 깨달음은 유혹이나 유혹을 극복하는 시기에 올 수도 있다. 그런 깨달음은 우리가 무능하다고 느끼는 기독교의 업무를 맡게 되거나, 습관적으로 하던 낡은 방법으로는 할 수 없는 새로운 경험을 하게 될 때 올 수도 있다.

우리는 자아에 대한 깨달음을 기초로 우리의 인생을 하나님의 능력에 전폭적으로 맡길 때 도약적으로 성장할 수 있다. 이러한 믿음의 행위는 언제든지—매일매일의 정상적인 일을 처리하고 있을 때, 홀로 기도할 때, 성경을 읽을 때, 또는 그룹으로 예배드릴 때—일어날 수 있다. 영적으로 준비된 마음은 어느 곳에서나 그리고 언제나 하나님을 만날 수 있다.

자기 인식에 대한 반응

자기를 인식하며 하나님께 반응한다는 것은 주로 성령의 책망에 열려진 상태를 말한다. 그것은 회개와 밀접하게 연관되어 있다.

성경은 자신을 정확하게 인식하는 것이 중요하다고 강조한다: 이사야는 자신이 "망하게" 되었고, "입술이 부정한 사람"이라고 했다(사 6:1-5); 예레미야는 사신이 미숙하고 하나님의 뜻을 행하기에 부적당하다고 느꼈다(렘 1:6); 베드로는 "주여...나는 죄인이로소이다"라고 외쳤다(눅 5:8).

예수님은 사람들에게 자신을 보라고 간청하셨다. 그분의 개인 면담은 자신을 보라는 초청이었다. 그분의 대중 설교는 인간의 태도, 동기, 이상

에 초점을 맞춘 지극히 개인적인 언어였다. 그분의 비유는 사람들의 동기와 열망을 다룬 시각적인 그림 언어였다. 그분의 메시지는 사람들에게 자신을 들여다보고 이해하라고 격려하는 일종의 거울이었다.

바울은 고린도인들에게 이렇게 간청했다. "너희가 믿음에 있는가 너희 자신을 시험하고 너희 자신을 확증하라. 예수 그리스도께서 너희 안에 계신 줄을 너희가 알지 못하느냐. 그렇지 않으면 너희가 버리운 자니라"(고후 13:5).

자기 인식에 대한 인간의 생각. 성경만이 자기 인식에 대해 언급하는 것은 아니다. 소크라테스는 "너 자신을 알라"는 불후(不朽)의 격언을 우리에게 주었으며, 많은 철학자들도 "검토되지 않은 인생은 가치 없는 인생이다"라고 말했다. 현대의 정신 요법 의사들도 동의한다. 카렌 호니는 "우리 자신에 대한 점증적 인식과 이해"의 필요성을 강조했다.1) 칼 로저스는 자기 인식이 "인간의 적응에 가장 중요한 측면"이라고 기록했다. 고든 얼포트(Gordon W. Allport)에 의하면, "통합은...통찰력, 자신의 가치에 대한 지식, 자신의 자질과 책임에 대한 분명한 그림을 요구한다. 정신 요법과 종교도 이 점에 동의한다."2) 심리학적 경향을 지닌 신학자, 알버트 아우틀러는 말했다. "최선을 향한 성장은 최악에 대한 지식을 따를 수 있다....사람이 그의 무질서를 의식하고 스스로 그 무질서의 형태와 그의 생애에서 일어나는 심리적-역동적 모형을 보게 되면 그제야 비로소 그는 그의 실제 상황을 진심으로 알게 되고 동시에 그것을 평가할 수 있게 된다."3) 아우틀러는 이렇게 말했다. "모든 치유와 성장과 성숙의 선결 조건은 자신을 있는

1　*Neuroses and Human Growth* (New York: Norton, 1950), p. 15.
2　*The Individual and His Religion* (New York: Macmillan, 1950), p. 95.
3　*Psychotherapy and the Christian Message* (New York: Harper, 1954), p. 170.

그대로 아는 것이다."4)

경험에 따르면 우리는 우리의 도덕적, 영적 열등감을 솔직하게 보지 않으면 안 된다. 행동 과학에서 훈련받은 어떤 젊은 여성 전문가는 최근에 이런 말을 했다: "나는 나 자신을 보게 될 때까지 영적으로 아무런 진전도 없었다. 그 이전에는 나의 실패에 대하여 나는 내 주변에 있는 사람들을 늘 비난하고 있었다."

자기 인식의 문제. 우리 모두는 건전한 자기관(自己觀)을 갖기 원한다; 우리 모두는 건전한 자존감(自尊感)과 실제적인 자기 신뢰를 필요로 한다. 예수님은 달란트의 비유에서 이 점을 강조하셨다: 충성된 종들이 성공한 것은 충분한 자기 신뢰 때문이고, 무익한 종은 그렇지 못했기 때문에 실패했다(마 25:14-30).

그러나 자기 신뢰는 지나칠 수도 있다. 야고보와 요한은 예수님이 마셔야 하는 고난의 잔을 그들도 마실 수 있다고 담대히 말할 때 지나친 자기 신뢰를 드러냈던 것이다. 예수님이 배반당하셨을 때 그들이 보여 준 비겁함은 자신들에 대한 그들의 견해가 얼마나 잘못 되었는가를 보여 주고도 남았다.

때때로 우리는 자신에 대한 부정적 견해를 거부하는데, 그 이유는 *죄책감에 대한 과장된 두려움* 때문이었다. 이것은 특히 청소년 시절에 죄의식과 실패를 해결하지 못하고 종종 억누르면서 건설적으로 다룰 수 없었던 사람들에게 더욱 그렇다. 이러한 사람들 중에는 엄격하고도 완전주의적인 가정에서 성장한 사람들도 있다. 지나치게 높은 기준 때문에 그들은 종종 실패할 수밖에 없었고, 그 결과 항구적으로 죄책감과 염려를 가지고 성장하였다. 그런 사람들 가운데 많은 사람은 비평에 대해서는 조건 없이 반항

4 Ibid.

적이 된다.

인격적인 부족을 인식하려 하지 못하는 태도는 "반드시 옳아야 한다"는 생각을 가지고 완전주의적인 형태의 인생관을 택한 사람들에게서 흔히 볼 수 있다. 그들은 실패를 너무 두려워한 나머지 그들의 약점을 부인하고 그들의 실패를 다른 것으로 보상하려 한다. 예수님 당시의 바리새인들도 그렇게 했는데, 그들은 일정한 종교의 규칙을 세심하게 지키려고 노력하였다—심지어 그들은 밭에서 나는 "박하와 유향과 근채"의 십일조를 드리기까지 하였다. 그러나, "의(義)와 인(仁)과 신(信)"의 영역에서 그들의 실패를 다른 것으로 보상하고 있었다(마 23:23, 24).

그 외에도, *세상적 성향*은 자기 인식을 방해할 수 있다. 열두 제자는 하나님의 나라를 세상적인 영역으로 여기는 동안 자신들의 내적 동기를 대부분 인식할 수 없었다. 야고보와 요한은 장차 올 왕국에서 중요한 자리를 구하는 동안 그들이 다른 사람을 섬기는 것보다 지배하는 것에 더 많은 관심을 가지고 있다는 사실을 인식할 수 없었다(막 10:38-45). 어리석은 부자에 대한 예수님의 비유는 세상의 재물 때문에 사람들이 영혼의 필요를 잊는다는 사실을 암시한다(눅 12:16-21). 예수님은 세상의 부요와 쾌락에 대한 욕구 때문에 영적 관심이 멀어진다는 것을 강조하셨다(눅 8:14). 재정적으로 부요하며 "부족한 것이 없다"고 생각했던 라오디게아 그리스도인들은 사실상 영적으로는 그들이 "곤고한 것과 가련한 것과 가난한 것과 눈 먼 것과 벌거벗은 것"을 알지 못하였다(계 3:17).

성령의 도우심. 우리는 현재의 모습으로 남아 있고자 하는 우리의 강한 내적 성향 때문에 성령의 도우심이 있어야 우리 자신에 관한 좋지 않은 인식을 받아들일 수 있다. 항상성(恒常性: homeostasis)이 몸을 정상적인 상태로 유지시키는 것처럼, 인간의 혼에 있는 성향은 과거의 습관적인

사고와 행동 방식을 유지하기를 원한다.

우리의 삶에 임재하신 성령은 정확한 자기 인식을 받아들일 수 있는 영적 분위기를 제공한다. 우리는 성령 앞에서 개인적으로 과시할 필요를 전혀 느끼지 않는다. 왜냐하면 성령은 우리를 있는 그대로 아신다는 사실을 인정하기 때문이다. 우리는 위선과 자기 방어 없이 우리의 인격적 부족을 받아들일 수 있다.

하나님의 임재에 대한 느낌 때문에 "성숙을 향해 창조적으로 전진하고자 하는" 욕구가 우리 안에서 일어난다. 인격적 성장은 점증적(漸增的)으로 자신을 앎으로 일어난다는 것을 우리는 안다. 성령의 도우심으로 우리는 우리 자신에 대한 진리가 인생을 영위하는데 없어서는 안 될 요소라는 것을 느끼게 된다.

성령으로 우리는 기본적인 겸손을 갖게 되고, 그렇게 될 때 실제적인 자기 상을 알 수 있는 것이다. 성령은 우리에게 하나님에 대한 확고한 신뢰를 주심으로 지나치게 교만하지 않게 하신다.

성령은 한 때 교만했던 제자 베드로를 인도하여 다른 그리스도인들에게 이렇게 편지하였다: "다 서로 겸손으로 허리를 동이라; '하나님이 교만한 자를 대적하시되 겸손한 자들에게는 은혜를 주시느니라'"(벧전 5:5).

성령은 *현재의 우리 자신*이 명성보다 훨씬 더 중요하며, 세상적인 인정은 일시적이나 영적인 것들은 영원하다는 것을 우리에게 보여 주신다. 우리는 있는 그대로의 자아를 갈구한다. 우리는 산 속에 있는 호수가 보이지 않는 샘물로 유지되는 것처럼, 자아 실현의 인생은 내적 진실에서 솟아난다는 것을 시인한다.

신뢰의 헌신으로 반응하자

우리가 하나님의 도우심으로 내적 필요를 인식할 때마다 거룩한 도우심을 받지 않으면 안 된다는 초청을 우리는 받는다. 우리는 그런 초청을 받아들일 수 있으며, 토저(A. W. Tozer)가 다른 곳에서 말한 대로, "연회장으로 들어가서, 잔치상에 참여하지 못할까 봐 주저와 불신의 태도를 보이기는커녕 오히려 담대하고 열정적인 사람들과 마주 앉으라...." 또는 우리가 하나님의 초청을 거부하고 "기분 좋게 초청받은 연회장 밖에서" 배고프고 추운 상태로 있을 수도 있다.5)

그리스도인의 헌신은 우리의 인생을 예수 그리스도께 드리는 것이다. 헌신은 한편 그리스도에 대한 애착(attachment)이요 세상의 죄악된 것들로부터의 분리(detachment)이다. 헌신은 우리의 인생에 대한 "영적 상상"을 실제화시키는 노력이다.

하나님의 뜻에 헌신하는 것은 그리스도인의 인생에서 기본이다. 회심하면 헌신이 있으며, 성령의 충만을 받을 때 보다 깊은 헌신이 있고, 하나님의 뜻을 보다 깊이 이해하면 지속적인 헌신이 있다. 헌신은 점진적이다; 헌신은 걷는 사람과 같아서, 한 발은 언제나 앞으로 움직인다.

누구나 영적으로 깊이 헌신하려면 성령의 도우심이 있어야만 한다. 우리는 너무나도 세속적이고 인간적이어서 하나님의 부르심에 우리 자신의 힘으로 반응할 수 없다. 하나님의 영은 어떻게 우리를 도우시는가?

성령의 도우심. 우리에게 헌신의 초청을 하실 때, 성령은 우리의 인격 전체를 통하여 역사하신다. 성령은 우리의 머리를 밝게 하시며 건설적인 감정을 일깨우시며, 그 결과 우리는 우리의 자아 전체를 다하여 행동하게 된다.

예수님은 우리 자신을 그분에게 헌신하는 문제를 *심각하게 생각할 것을*

---

5 *The Knowledge of the Holy* (New York: Harper, 1961), p. 98.

역설하셨다. 예수님을 따르기 위해서 심각하게 생각하지 않고 결정한 자들은 "하나님의 나라에 합당"치 않다(눅 9:57-62). 예수님은 피상적인 추종자들을 사용하실 수 없었다. 예수님은 사람들에게 사업의 결정을 위하여 신중하게 생각하는 것처럼 영적 헌신을 위하여 신중하게 생각하라고 충고하셨다. "너희 중에 누가 망대를 세우고자 할진대 자기의 가진 것이 준공하기까지에 족할는지 먼저 앉아 그 비용을 예산하지 아니하겠느냐" (눅 14:28).

성령의 도우심으로 우리는 깊은 지적 확신을 가지고 헌신하라는 그리스도의 부르심에 반응할 수 있다. 성령은 우리의 인생을 어떻게 투자해야 될지를 정직하게 살펴보도록 도우신다. 성령은 우리에게 주변의 필요를 조사하도록 인도하시며 동시에 그런 필요를 어떻게 도울 수 있는지를 보여 주신다. 우리가 새로운 영적 결단을 숙고할 때, 성령은 우리로 하여금 우리의 태도를 살피게 하시며 그 태도가 그릇될 때 다시 정립하도록 도우신다; 성령은 이러한 결단을 영원한 시각에서 볼 수 있도록 도우신다.

성령은 사려 깊은 그리스도인들에게 영적 분별의 능력을 주신다. 이것은 중요한데, 그 이유는 우리의 신앙적 진보를 위한 부르심 가운데는 내적 인상(impression)의 형태로 오는 것도 있기 때문이다. 우리는 이런 인상이 순수한 성령의 음성인지 아니면 인간적 충동인지도 안내를 받으며 결정해야 한다. 이것은 특히 젊은이들이 기독교의 전임 사역으로 들어갈 때 중요하다.

성령은 *감정적* 요소를 사용하셔서 하나님께 깊이 헌신하도록 우리를 인도하신다. 회개에서 감정적 요소가 죄인을 강하게 충동하여 그리스도 앞으로 나아오게 하며, 똑같은 감정이 그리스도인들을 강하게 충동한다. 어떤 의미에서, 영적 헌신은 행동하는 회개이다.

성령이 인생의 감정적 측면에서 끼치는 영향의 중요성을 인식하는 것은 도움이 된다. 본 저서에서 이미 관찰한 대로, 바울은 하나님 나라의 세 가지 두드러진 특성을 열거했는데, 그 중 두 가지—평강과 희락—는 감정이다(롬14:17). 그 위대한 사도는 그리스도인의 생활에서 아홉 가지 성령의 열매도 열거했는데, 그중 첫 네 가지—사랑, 희락, 화평, 오래 참음—는 근본적으로 감정에 관한 것이다(갈 5:22).

감정적 요소는 때때로 결단에서 이성적 요소보다 더 중요하다. 인간 감정의 가장 숭고한 목적은 의지를 자극하여 용감하게 행동하게 하는 것이다.

우리의 감정은 우리가 앞으로 어떤 사람이 될 것인지 그리고 우리가 무엇을 할 것인지를 결정하는 중요한 요소이다. 우리는 감정을 따르는 경향이 있다. 우리는 일반적으로 하기 좋아하는 것을 먼저 한다.

성령은 우리 안에서 하나님의 뜻에 관하여 적극적인 느낌을 만들어 내는데, 비록 그 뜻이 어려워 보일 때도 말이다. 이런 느낌은 개인적인 희생에 대한 우리의 육신적 저항감을 극복하도록 돕는다. 적극적인 그리스도인의 감정은 끌어당기는 힘을 가지고 있다; 그런 감정은 행동을 일으키는 추진력이다.

성령은 열망하는 그리스도인에게 영적 가치—개인적으로 용감하게 만들며 그를 사로잡고자 하는 영적 냉담을 쫓아내는 가치—에 대한 건전한 열정을 주신다. 감정이 둔해지면 하나님에 대한 헌신도 둔해진다. 냉담은 "차지도 아니하고 더웁지도 아니하므로" 영적 무관심과 우유 부단의 묘상(苗床)이다(계 3:15-16).

이성과 감성이 일치될 때 의지는 헌신을 쉽게 만든다. 이성과 감성이 일치되지 않을 때, 감정적으로 끌리는 것과 합리적으로 보이는 것 사이에 마찰이 있을 때, 우리는 보다 많은 도움을 위해 성령님을 바라보아야 한다. 일반적으로 성령은 이성과 결합하여, 논리를 강하게 만들며 감정적 저항을 감소시키신다.

헌신의 건설적 능력. 가치 있는 대의(大義)에 대한 인격적 헌신은 놀랍고도 강력한 힘이다. 인생은 충성된 헌신의 방향으로 성장한다.

헌신의 결과 우리는 우선권을 설정하게 되고 따라서 우리의 인생을 통합시킨다. 우리는 가치 있는 목표를 붙잡고 가치 없는 목표를 버린다. 헌신은 선에 대한 애착이요 동시에 악에 대한 분리이다. 우리는 옳은 것을 고수(固守)하면서, 영적으로 부적절한 것들에 대하여 건전한 무관심을 유지하게 되며 죄된 것들에 대한 내적 저항을 갖게 된다.

헌신된 삶은 언제나 "선별된 제거"를 동반한다. 윌리엄 제임스는 다음과 같이 기록하였다: "작곡가가 그의 작곡에 어떤 잡음이나 불협화음을 제거함으로 화음을 성취하려는 그 법칙은 영적 생활에도 적용된다."6) 제임스는 로버트 스티븐슨(Robert Louis Stevenson)의 말에 주의를 기울였다: "제거는 문학에서 하나의 기술이다. 만일 내가 제거할 줄 안다면, 다른 어떤 지식도 요구하지 않을 것이다."7)

그리스도께 대한 헌신은 바울의 생애를 획기적으로 바꾸어 놓았다. 헌신을 통하여 바울은 그리스도인의 핍박을 중단했으며, 유대 법을 바리새인처럼 연구하는 것을 단념했으며, 유대교의 지도자가 되려는 노력을 포기했다. 이런 모든 관심사를 포기하고 나서야, 그는 그리스도에 대한 헌신을 자유롭게 성취할 수 있었다. 그는 그가 포기했던 모든 것을 "내 주 그리스도 예수를 아는 지식이 가장 고상"하기 때문에 해로 여길 수 있었다(빌 3:8).

그리스도인의 헌신은 예수 그리스도와 인격적으로 일체감을 갖게 한다. 그리스도와 일체감을 가짐으로, 우리는 그분의 가르침을 내적으로 경험하

---

6 *Varieties of Religious Experience* (New York: Longmans and Green, 1902), p. 290.

7 Ibid., p. 297.

며, 그분의 삶의 방식을 따르게 된다. 얼포트는 유명한 야구 선수와 일체감을 가진 어떤 소년의 이야기를 나누었다. 그 소년의 "환상 중에 그가 바로 이 영웅이라고 느낄 것이다....그는 모든 것을 자세히 주시할 것이다: 그 영웅의 말솜씨, 그가 매는 넥타이, 그의 자세와 걸음걸이. 그 소년은 이러한 모든 것들은 물론 그 밖의 훌륭한 솜씨를 모방할 것이다."[8]

존 실리(John R. Seeley)는 예수님이 그 당시의 철학자들과는 달리 우정을 사용하여 추종자들의 생애를 재건축하셨다는 사실을 지적하였다. 실리는 말했다, 심리학적으로 말하면, "훌륭한 성향을 향한" 첫 단계는 탁월하게 훌륭한 사람과 개인적으로 강한 애착을 갖는 것이다. 그리고 나서 예수님과 일체감을 가진 어떤 사람에 대하여 언급하면서 실리는 이렇게 계속했다: "그와 같은 분을 예배하는 것은 그가 할 수 있는 가장 좋은 실습이 될 것이다. 그런 분에게 살든지 죽든지 순종을 서약하게 하라; 그와 똑같은 서약을 한 다른 사람들과 어울려 살게 하라. 그의 눈앞에 그가 되기 원하는 것을 두라. 그의 마음은 새로운 느낌으로 감동될 것이며, 새로운 세계가 그에게 서서히 계시될 것이며, 무엇보다도, 그의 옛 자아 안에 있는 새로운 자아를 느끼게 될 것이다...."[9]

그리스도께 충성을 바치면 우리는 죄스러운 관심사와 사소한 것을 초월하게 되며 동시에 일시적인 것과 영원한 것을 분별할 수 있게 된다.

결   론

성령의 도우심을 통하여 우리가 하나님의 시각으로 우리 자신을 보게 되면 성령은 우리의 영적 필요를 알려 주신다. 자기 인식은 영적 성장의

---

8 *Pattern and Growth of Personality* (New York: Holt, Rinehart, and Winston, 1961), p. 105.
9 *Ecce Homo* (Boston: Roberts, 1866), pp. 109-110.

첫 번째 조건이다. 만일 성령의 "개인적 인식에로의 초청"을 거부한다면, 우리는 영적으로 평범한 상태에 있을 것이다.

그러나 영적 자기 인식은 그 곳이 종착역이 되어서는 안 된다. 그렇게 되면, 우리는 우리의 인생을 무익한 자기 의 속에서 살든지, 아니면 아무래도 하나님이 자기 학대의 태도에 만족하신다고 느끼면서 병적 참회 가운데 빠질 것이다. 우리는 자기 인식을 충분히 활용해야만 한다. 성령이 우리를 새롭게 하심에 따라 그리스도께 보다 깊은 헌신으로 나아가야 한다.

예수 그리스도께 헌신하면 하나님의 진리가 우리의 생애에서 능력으로 통합적이고도 건설적인 힘이 된다. 그 힘이야말로 모든 것을 판단하는 기준이며, 우리가 살아가는 뛰어난 표준이다.

토의를 위한 질문

1. 당신은 "최선을 향한 성장이 최악이라는 지식을 따를 수 있다"고 믿는가?
2. 회개에서 자신에 대한 인식이 얼마나 중요한가?
3. 마틴 루터의 말처럼, 당신은 회개가 그리스도인에게 일생 동안 지속되는 경험이라는 말에 동의하는가?
4. 진실로 우리의 생활 가운데 어떤 영역에서는 우리가 자신을 아는 것보다 친구들이 우리를 더 잘 아는가?
5. 자기 반성을 통하여 우리는 자신을 얼마나 잘 알 수 있는가? 우리는 반성을 지나치게 할 수 있는가?
6. 우리가 진정한 자기 견해를 숨기기 위하여 어떤 방어의 방법을 사용하는가?
7. 기도가 어떻게 자기 인식의 방법이 될 수 있는가?
8. 우리가 영적 결단을 할 때, 일반적으로 우리의 감정이 이성보다 큰 영향을 끼치는가? 어떻게 부정적인 감정의 영향을 거부할 수 있는가?

11

성령은 우리에게 증거할 수 있는 능력을 주신다

초대 그리스도인들은 새로운 종류의 사람들이었는데, 그 이유는 그들의 생애에 성령의 능력이 있었기 때문이었다. 성령은 그들 속에 너무나 혁신적인 변화를 일으키셔서 그로 인해 그들은 유대인들이나 이방인들과는 근본적으로 달랐다. 2세기에 그들과 함께 살던 사람들은 그들을 가리켜 "제3의 종족"이라고 했는데, 그 이유는 그들이 주변의 모든 사람들과 달랐기 때문이었다.

초대 그리스도인들은 하나님으로부터 새로운 계시를 받았으며 동시에 그것을 모든 사람들에게 나누어야 된다고 믿었다. 새로운 시대의 문턱에 있다고 느끼면서, 그들은 그 새로운 시대를 소개시켜야 된다는 책임을 느끼고 있었다. 하나님은 그들을 "천국 시민"으로 부르시고 이 세상에서 "천국의 식민지"를 이루게 하셨다.

승천하시기 전 예수님이 하신 마지막 말씀은 초대 그리스도인들에게 큰 동기를 부여하였다: "오직 성령이 너희에게 임하시면 너희가 권능을 받고 예루살렘과 온 유대와 사마리아와 땅 끝까지 이르러 내 증인이 되리라"(행 1:8).

초대 그리스도인들이 가졌던 그리스도를 위한 증거의 개념은 깊고도 넓었다. 예수님의 증거를 본받아 증거하면서, 그들은 필요한 자들을 돕고 또 말로서 예수님의 가르침을 나누고자 했다. 이 장에서는 그런 기본적인 증거의 방법 두 가지를 다루고자 한다. 이 장에서는 초대 그리스도인들의

생애를 다루며, 그 그리스도인들에게 하나님이 어떻게 능력을 부어 주셨
는가를 강조할 것이다.

성령의 권능

구약 성경에서 하나님의 영은 개개인에게 임하셔서 특별한 사역을 수행
할 수 있는 능력을 부여하셨다. 이런 신적 능력의 부여는 신약 성경에 나
타난 성령의 선물을 예시(例示)하는 것이었다. 구약에 나타난 이런 능력
의 선물이 지닌 일반적인 특징을 간단히 살펴보자.

구약 성경에 나타난 능력의 선물. 하나님의 영은 다양한 사역을 수행하
는 능력을 개개인에게 부여하셨다. 하나님의 영은 이런 사람들에게 능력
을 주셨다; 브살렐에게는 금속을 다루는 뛰어난 장인이 되게 하여, 성전을
위해 "공교한 일을 연구"하게 하셨다(출 31:2-5); 여호수아에게는 모세가
죽은 후 약속의 땅으로 이스라엘 자손들을 인도하게 하셨다(수 1:1-9; 민
27:18); 기드온에게는 이스라엘 군대를 영솔하게 하셨다(삿 7:1 이하);
삼손에게는 몸으로 공을 세우게 하셨다(삿 14:6); 사무엘과 기타의 사사
들에게는 이스라엘을 지혜롭게 다스리게 하셨다; 스룹바벨에게는 성전을
다시 건축하게 하셨다(슥 4:1 이하); 그리고, 무엇보다도, 예언자들에게
는 하나님의 뜻을 사람들에게 드러내게 하셨다.

구약 성경은 인간의 능력만으로는 세상에서 하나님의 일을 수행하기에
충분하지 않음으로 신적 능력으로 보충되어야 함을 강조한다. 우리는 하
나님의 일을 "만군의 여호와께서 말씀하시되, 이는 힘으로 되지 아니하며,
능으로 되지 아니하고, 오직 나의 신으로 되느니라"의 말씀과 같이 하나님
의 능력으로 성취할 수 있다(슥 4:6).

신약 성경에 나타난 능력의 선물. 기독교 시대에서 성령은 모든 믿는 자들에게 주시는 하나님 아버지의 큰 선물이다. 우리 마음에 내주하시는 성령의 임재는 우리로 하여금 하나님 나라에서 봉사할 수 있게 한다. 성령은 우리를 새로운 차원의 그리스도인 삶으로 인도하시고, 우리에게 새로운 영적 자원을 열어 주시며, 우리의 인성 전체에 힘을 불어넣으신다.

뿐만 아니라, 성령은 그리스도인들에게 능력의 선물을 베푸신다. 신약 시대에는 성령이 모든 그리스도인들을 하나님의 나라에서 섬길 수 있도록 준비시키시는데(롬 12:3-8) ; 어떤 때는 새로운 능력을 주심으로, 그리고 어떤 때는 현재의 능력을 향상시키심으로다(행 1:8 참조).

성령은 사도들에게는 복음을 설득력 있게 선포할 수 있게 하셨고, 신약의 예언자들에게는 하나님의 계시를 받게 하셨으며, 교사들에게는 확증된 기독교의 진리를 다른 사람들에게 가르칠 수 있게 하셨다. 성령은 또 다른 사람들에게 기적을 행하고, 병든 자들을 낫게 하고, 기독교 공동체의 여러 가지 업무를 관장하고, 돕는 사역을 수행할 수 있는 능력도 주셨다(롬 1:3-8, 고전 12:1-31). 예루살렘의 시릴(Cyril)은 성령이 그리스도인들 안에서 다양한 열매를 맺는다고 언급했다: 하늘로부터 내려와서 대지를 꽃피우는 빗물이 "백합은 하얗게, 장미는 붉게, 제비꽃과 히아신스는 보라빛으로 물들게 하고, 동시에 대추야자나무나 포도나무와 같은 갖가지 형태를 만들어내듯, 한 분이신 성령은 많은 사람들에게 당신의 뜻대로 은혜를 배급하신다."[1]

우리의 인간적 나약함 때문에 우리는 성령의 도우심을 의지하지 않을 수 없다. 성령이 능력을 주셔야 우리가 기독교적 구제라는 관용의 행위를 시작할 수 있고, 그 결과 사람들의 인생을 풍요롭게 한다. 성령의 인도가

---

1 Henry B. Swete, *The Holy Spirit in the Ancient Church* (London: Macmillan, 1912), p. 202.

없다면, 우리는 영적 실패를 반복할 뿐이다. 우리는 가난한 자들에게 물질을 주면서 그들의 영을 비참하게 만들 수도 있다. 우리가 병자를 방문해서 적합한 말로 위로하지 못한다면 그 병자는 조금도 영향을 받지 못할 수 있다. 우리는 사람들의 필요를 위하여 봉사할 수 있으나, 그들의 영혼은 여전히 영원한 진리에 굶주릴 수 있다.

새롭고 힘찬 능력이 성령을 받은 사람들에게 임한 것은 명백하다. 이런 새로운 능력은 갑자기 건설적인 그리스도인의 행동을 낳게 한다. 전에는 "연약"했던 사람들 가운데 "넉넉히 이기는 자들"로 바뀐 사람들도 있다. 마담 귀용(Guyon)이 말했듯이, 그들의 인생은 "영적으로 풍요한" 인생이 된다.

사랑의 도움을 통한 증거

갈릴리에서 하신 예수님의 사역은 인간의 필요만큼이나 폭 넓은 것이었다. 예수님의 승천 이후, 제자들도 똑같은 사역을 시작했다. 그들은 예수님의 정신을 이어받았는데, 그분은 섬김을 받으려 함이 아니라 도리어 섬기러 오신 분이셨다(막 10:45).

가난한 자들에 대한 관심. 예루살렘의 부유한 그리스도인들은 오순절 직후, 많은 가난한 신도들에게 음식을 나누어 줌으로 그들에 대한 관심을 나타냈다(행 4:32-35). 예를 들면, 바나바는 밭을 팔아 그 돈을 모두 사도들에게 주어 가난한 자들을 돕게 했다(행 4:36). 가난한 자들을 보살피는 이런 초대 교회의 관행은 그리스도인들 가운데서 행해진 두드러진 관습이 되었다.

가난한 사람들은 종종 초대 교회의 그리스도인 개인으로부터 직접 도움을 받았다. 2세기의 저자, 아리스티데스(Aristides)에 따르면, "필수품을 넘치게 갖지" 못한 믿는 자들도 이삼 일 간 금식하여, 그 결과 필요한 그리스도인들에게 음식을 나누어 줄 수 있었다.

시간이 지남에 따라, 기독교회는 지역 교회의 집사들로 하여금 도움이 필요한 사람들을 찾아 나서도록 했다. 목회자의 "눈과 귀"인 집사들은 고통받는 사람들의 이름을 보고했고, 그러면 그들을 돕기 위해 교회의 자금이 쓰여졌다. 지역 교회가 성장하자 가난한 사람들을 위한 구제의 필요도 엄청나게 커져서, 주후 250년 로마에 있는 그리스도인 공동체는 1,500명을 돕고 있었다.

가난한 자들에 대한 이런 관심은 초대 그리스도인들이 살던 시대에는 "새로운 일"이었다. 행동으로 나타난 이런 자발적인 사랑은 받는 자들에게나 지켜보는 자들 모두에게 그리스도를 위한 효과적인 증거였다. 주후 200년 경에 살던, 터툴리안(Tertullian)은 이렇게 말했다, "많은 대적자들의 눈에 우리가 좋아보이는 것은 힘없는 자들에 대한 우리의 돌봄과 자애의 실천이다. 그들은 말한다, '보기만 하라, 그들이 어떻게 서로를 사랑하는지 보라.'"[2] 로마의 마지막 이교도 황제인 줄리언(Julian)은 이런 것을 알았다, "이 경건치 않은 갈릴리 사람들이 그들의 가난한 자들에게 식량을 공급할 뿐 아니라, 우리의 가난한 자들에게도 공급한다; 우리의 가난한 자들은 우리의 사랑을 필요로 한다."[3] 줄리언은 이런 전도 방법을 구(舊)로마 지역에서 복제(複製)한다면 그리스도인들에게서 그 방법을 앗아가리라고 노력했으나, 물론 성공하지 못했다.

병자들에 대한 관심.　사도들은 "병든 자들을 고치라"는 예수님의 명령

2　Adolf von Harnack, *The Mission and Expansion of Christianity in the First Three Centuries*, ed. & tr. James Moffatt, 2nd ed., 2 vols. (New York: Putnam's, 1908), 1:149.

3　Ibid., p. 162.

을 진지하게 받들었다(마 10:8). 그들은 "모든 병과 모든 약한 것을 고치라"는 예수님의 권세를 근거로 나아갔다(마 10:1).

오순절 후 누가가 언급한 최초의 구체적인 사도의 역사는 앉은뱅이의 치유인데(행 3:1-10), 이는 연약한 자들과 병든 자들에 대한 그리스도인들의 관심을 나타낸 행위이다.[4]

성령은 초대 교회의 어떤 믿는 자들에게 신유와 기적의 은사를 부여하셨는데(고전 12:9-10), 그런 은사들은 널리 사용되었음에 틀림없다. 야고보가 그의 서신을 보낸 주후 80년 무렵, 육체적으로 병든 사람을 위하여 장로들이 기름을 바르고 병 낫기를 위하여 기도해 주는 것은 아주 일반적인 관행이었다(약 5:13-16).

초대 교회는 "위대한 자선 진료소 내지 병원"이 되었다. 육체적으로 병들고 정신적으로 아픈 사람들은 모두 그 곳에서 도움을 청할 수 있었고, 거기에서 "감독들과 목사들은 의사인데, 이는 모든 영혼의 의사이신 그리스도를 따르는 종으로서 의사였다."

초대 교회의 그리스도인들은 종종 흑사병이 만연한 도시에서 병든 자들을 도왔는데, 다른 사람들은 공포 가운데서 이미 도망가 버린 그 도시에서 도왔다. 유세비우스(Eusebius)에 의하면, 사람들—때로는 가족들—은 병에 막 걸린 사람들을 버리기 일수였고, 사랑하는 친구들을 떠났으며, 아직 죽지 않은 사람들을 거리에 버렸고, 죽은 사람들은 묻지도 않고 방치했다. 그러나, 그리스도인들은 "두려움 없이 병든 사람들을 찾아가, 그들을 위하여 헌신적으로 봉사했고, 그리스도를 위해 그들을 돌보았다." "그리스도인들은 모든 사람에게 음식을 주었고" 거리에 방치된 시체들을 묻었다. 모든 서열의 그리스도인들—"장로와 집사와 높은 명망의 사람들"—은 그런

---

4 Ibid., p. 112.

구제 사역에 참여했다. 많은 그리스도인들이 흑사병에 감염되었고, "그 결과 다른 사람들의 죽음을 그들에게로 옮기고" 죽었다.

유세비우스에 의하면, 그러한 영웅적인 모습을 통하여, 그리스도인들은 "가장 극명하게 이교도들에게" 자신들을 보여 주었다. "그리스도인들은 그런 끔찍한 염병에도 행동으로 동정과 자선을 보여 준 유일한 사람들이었다....이런 행위가 알려지자, 사람들은 그리스도인의 하나님을 찬양했고, 그리스도인들만이 진정으로 경건하고 신앙심을 가지고 있다고 고백했다."5)

병든 자들에 대한 그리스도인의 관심은 로마 제국의 민중에게 강한 인상을 주었는데, 그 이유는 그 당시 그것은 혁명적인 생각이었기 때문이었다. 그 당시 종교는 건강한 사람들을 위한 것이었지 병든 사람들을 위한 것은 아니었다. 신들은 그들을 숭배할 건강하고 잘난 사람들을 찾았다. "병들고 죄지은 자들은 어둠의 세력의 먹이라고 간주되었다; 병자들은 그들의 방법으로 건강을 회복하게 하라...."6) 셀서스(Celsus)는 이것이 기독교와 그리스-로마 종교들 사이의 근본적인 차이점이라고 말했다.7)

말씀으로 증거함

초대 그리스도인들의 입술을 통한 증거는 종종 그들의 행위—그 행위 가운데는 기적적인 것도 있었다—와 함께 이루어졌다. 오순절 직후, 사도들의 입술을 통한 증거는 흔히 그리스도의 이름으로 행해진 기적에 대한 설명이었다. 초대 그리스도인들은 구원의 말씀이 일관된 그리스도인의 생활로 실증해야 된다는 것을 강조하였다.

---

5 Ibid., 9.8.
6 Harnack, *Expansion of Christianity*, 1:104.
7 Ibid.

말씀과 놀라운 역사들. 사도행전은 사도들이 많은 "기사와 표적"을 행했다고 기록한다(행 2:43). 신약 성경의 "기사와 표적"이라는 표현은 하나님의 사자와 그들의 메시지를 인증(認證)하기 위하여 하나님의 권능을 보여 주는 기적적인 역사들을 가리킨다. 그런 역사들은 초대 그리스도인들의 입술 증거에 근간이 된다: 사도행전은 사도들의 말씀이 아니라, 사도들의 행위로 일컬어진다.

사도들이 행한 기적들은 구경꾼들의 마음으로 하여금 사도들이 전파한 메시지를 진지하게 숙고하도록 준비시켰다. 오순절 이후 "사람마다 두려워하는데, 사도들로 인하여 기사와 표적이 많이 나타났기" 때문이었다(행 2:43). 그들의 두려움은 많은 구경꾼들로 하여금 어떤 신성한 일이 일어나고 있다는 사실을 시인한다는 것을 암시한다. 그들 중 많은 사람들은 그들 가운데 역사하시는 하나님을 보고 마음을 열었다.

유대인 선교사에 대하여 깊은 불신이 자리잡고 있던 사마리아에서, 빌립은 그리스도를 선포했고, "무리가 빌립의 말도 듣고 행하는 표적도 보고...일심으로 그의 말하는 것을 좇더라"(행 8:6).

효과적인 증거의 말과 놀라운 역사의 관계는 영속적인 것이다. 오늘날 그리스도의 이름으로 기적을 행했다고 주장하는 그리스도인들은 거의 없지만, 많은 사람들이 참된 기도의 응답을 간증하며, 그런 응답은 사람들로 하여금 기도하는 사람이 하나님과 교제하기 때문에 그의 말은 가치가 있다고 믿게 한다.

말씀과 그리스도인의 인격. 바울은 입술의 증거에서 그리스도인의 인격의 중요성을 강조하였다. 바울은 빌립보 교인들에게 이렇게 말했다: "어그러지고 거스리는 세대 가운데서 하나님의 흠 없는 자녀로, 어두운 세상 가운데 빛들로 나타내며 생명의 말씀을 밝혀라"(빌 2:15). 그는 디도에게

이렇게 편지했다: "범사에 네 자신으로 선한 일의 본을 보여, 교훈의 부패치 아니함과 경건함과 책망할 것이 없는 바른 말을 하게 하라. 이는 대적하는 자로 하여금 부끄러워 우리를 악하다 할 것이 없게 하려 함이라"(딛 2:7-8).

디오그네투스에게 보낸 서신(The Epistle to Diognetus). 이 서신은 교회 시대의 초기에 기록되었는데, 이렇게 언급한다: 믿는 자들의 행동은 "놀라우며, 확실히 어떤 기대 그 이상이다....그들은 육신 가운데 살지만, 육신을 좇지 않는다....그들은 기존의 율법을 순종하지만, 생활에서 율법을 뛰어넘는다....그들은 학대를 받으나 축복한다; 그들은 모욕을 당하나 그 모욕을 존경으로 갚는다. 그들은 선을 행하지만, 악을 행하는 자라고 핍박을 받는다....유대인들은 그들을 이방인처럼 대항하여 싸운다; 헬라인들은 그들을 핍박하나, 그들을 미워하는 자들은 그런 악의(惡意)에 대한 어떤 근거도 언급하지 못한다."[8] 그처럼 의로운 삶 때문에 그리스도인들은, 물론 하나님의 은혜이긴 하지만, 다른 사람들에게 그리스도 안에 있는 구원을 전할 수 있었다.

선한 인격은 효과적인 복음 전도의 길을 마련한다. 우리가 전도하는 사람들은 우리 안에서 진실과 성실을 찾는다. "이웃을 네 몸처럼" 사랑하는 사람만이 다른 사람들에게 생명의 길인 사랑을 진정으로 권할 수 있다. 기독교의 진리를 받아들여 자기 것으로 만든 그리스도인만이 그리스도를 효과적으로 증거할 수 있다.

말과 삶이 상반되는 사람들에 관해 에머슨(Emerson)보다 더 통렬하게 이야기한 사람은 일찍이 없었다. 그는 이렇게 말했다: "당신의 인격이

---

8 5:4-17.

얼마 동안 당신의 머리 위에 서서 천둥소리를 냄으로 나는 당신의 모순적
인 말을 들을 수 없다."

결   론

효과적으로 증거하는 그리스도인들은 종교적인 것을 말로만 하지 않고,
그들의 태도, 행위, 그리고 그들의 일반적인 언어로 한다. 예수 그리스도
에 대한 그리스도인의 충성은 두 말할 필요도 없이 주님에 대한 확고한
증거이다. 때때로 그런 충성은 순교로 이어진다: *순교자*라는 단어는 "증
인"을 뜻한다.

현대의 그리스도인들은 육체적으로나 정신적으로 고통받는 사람들을
위해 사역할 기회를 많이 가지고 있다. 사람들은 여러 방면—불운, 문제,
빈곤, 질병—으로 괴로워하고 있으며, 그들 모두를 도울 수 있는 그리스도
인의 방법이 있다.

그리스도인이 인간의 고통에 무관심 할 때, 그는 그리스도의 복음을 부
정하는 것이다. 레오 톨스토이(Leo Tolstoi)는 그가 젊었을 때 기독교에
감화되거나 깨우침을 받지 못했는데, 그것은 러시아 그리스도인들이 "빈
곤, 질병 및 죽음"에 대한 승리로운 태도를 보여 주지 못했기 때문이라고
말했다.[9] 그러나, 그리스도인들이 어려움을 당하고 있는 사람들에게 순
수한 관심을 보일 때, 그것은 그리스도를 위한 능력 있는 증거를 하게 한
다. 그리스도인이 돕는 하나의 행위는 때때로 그들의 천 마디의 말만큼이
나 가치가 있다. 사람들은 사랑의 복음이 행동으로 나타난 것을 볼 때 감
동을 받는다.

효과적인 입술의 증거는 영적으로 역동적인 생활에서 일어난다. 가장

---

9 *My Confession, My Religion, and The Gospel in Brief* (New York: Crowell,
   1899), p. 48.

설득력 있는 증거는 커다란 영적 보물을 찾았다고 느끼면서 그것을 다른 사람들에게 나누려는 그리스도인에게서 나온다. 그 때에 믿는 자 안에 있는 영적 실재가 불신자의 영적 갈구에 호소한다. 구속에 대하여 아주 효과적으로 증거하는 사람은 바로 구속받은 사람이다.

토의를 위한 질문

1. 신약 성경은 초대 그리스도인들이 "새로운 사람들이었다"는 표현을 뒷받침하는가? 그렇다면, 그들은 그 시대의 사람들과 어떻게 달랐는가?

2. 오늘날의 그리스도인들은 그들의 불신자 친구들과 어떻게 다른가?

3. 성령은 그리스도를 위하여 증거할 수 있도록 우리의 능력을 어떻게 고취시키는가?

4. 어떤 그리스도인들은 성령의 은사를 강조한다. 성령은 지금도 그리스도인들에게 은사를 준다고 믿는가? 그 대답을 신약으로부터 입증할 수 있는가?

5. 무수한 사회 사업 기관이 있는데도 그리스도인들은 여전히 가난한 사람들을 부양할 필요가 있는가?

6. 세속의 기관들이 현재 대부분의 빈곤 구제를 하고 있는데, 그들은 기독교회로부터 증거의 기회를 앗아갔는가?

7. 우리는 병든 사람들의 신유를 위해 항상 기도해야 하는가? 그렇지 않다면, 어떤 상황에서 기도해야 하는가?

8. 당신은 오늘날 어떤 사람들이 신유의 은사를 가지고 있다고 생각하는가?

9. 당신은 기도와 하나님께 대한 믿음으로 치유된 사람을 개인적으로 알고 있는가?

10. 오늘날 사람들의 형편은 기독교 시대의 첫 300년 간의 사람들의 상황과 판이하게 다르다. 그리스도인들은 어떤 현대적 고통을 해결하기 위하여 아주 손쉽게 섬길 수 있는가?

11. 입술의 증거가 때때로 효과가 없어 보인다. 그리스도인들이 불신자들에게 증거하면서 따라야 할 좋은 지침에는 어떤 것들이 있는가?

12

성령은 우리에게 영적으로 능력을 주신다

초대 그리스도인들은 "세상을 이기면서 생각하고, 살다가, 죽었다"라고 글로버(T. R. Glover)는 저 잊을 수 없는 연설에서 말하였다. 그들은 색다른 삶의 질, 곧 새로운 도덕상의 우수성을 세상에 가져왔다. 바울은 그들의 삶이 "어두운 세상에서 비추는 별들"과 같다고 했다(빌 2:15).

많은 초대 그리스도인들은 본래 종교적으로 훈련되지 않았던 이방인들로, 도덕적으로 "허물과 죄로 죽었던" 사람들이었다(엡 2:1). 불순종의 자녀들로서, 그들은 육신의 정욕대로 살았고 육체와 마음의 욕심을 따라 살았다. 그들은 본질상 진노의 자녀들이었다(엡 2:2-3). 우리는 어떻게 인간의 인격과 행동에서 그와 같은 변화를 설명할 수 있는가?

초대 그리스도인들은 세상을 "이기면서 살았는데," 그 이유는 하나님의 영이 그들의 생활 가운데 임재하셨기 때문이었다. 성령은 그들을 그리스도 안에서 새로운 피조물로 만드셨다(고후 5:17). 그들은 하나님의 만드신 바, "그리스도 예수 안에서 선한 일을 위하여 지으심을 받은 자들"이었다(엡 2:10).

이 장에서 우리는 성령이 우리로 하여금 그리스도인으로서 살아갈 수 있도록 능력을 부여하시는 네 가지의 기본적인 방법에 대하여 논의하고자 한다. 성령은 우리에게 (1) 하나님의 용서를 느끼게 하심으로 도덕적 힘을 주시며, (2) 중생을 통하여 새로운 성향을 주시고, (3) 영적으로 깨끗하게 하여 주시고, (4) 그리스도 예수 안에서 경건한 인생을 영위할 수 있도록

계속적으로 힘을 주신다. 이런 것들은 각각 생각과 행동에 강한 동기를
제공해 준다.

용서를 통한 힘

우리 가운데는 용서가 가져다 주는 도덕적, 영적 원동력을 충분하게 강
조하지 못한 사람들도 있다. 우리는 하나님의 용서를 주로 도덕적 금전출
납부의 균형을 잡는 한 방법으로 보아왔는데, 이제는 도덕적, 영적 능력으
로 현재를 파고드는 어떤 것으로 보아야 한다.

용서받았다는 느낌은 "지속적으로 선을 행하게 하는 아주 강력한 자극
제"이다. 『천로역정』에서 *크리스찬*이 멸망의 성을 피해 무거운 죄의 짐을
등에 지고 터벅터벅 걷고 있었다. 그가 십자가 앞에 왔을 때, 믿음으로 그
리스도를 바라보자 그의 짐이 등에서 굴러가 버렸다. 무거운 죄의 짐에서
해방된 *크리스찬*은 "기뻐서 세 번이나 뛰었고 찬송을 부르며 나아갔다."
이러한 존 번연의 우화는 현실에서도 사실이다. 하나님의 용서는 한 때
죄책감이라는 짐을 지는데 사용된 심리적인 원기를 건설적으로 살아가게
하는데 사용하게 한다.

죄책감을 일으키는 죄로부터의 해방. 죄책감은 두려움과 염려를 일으
키고, 그것들은 더 많은 죄를 일으킨다. 가령, 한 청소년이 훔친 행위에
대하여 죄책감이 있다고 하자. 그의 행위가 드러날 것을 두려워한 나머지,
그는 그것에 대해 거짓말을 한다. 그렇게 함으로, 용서받지 못한 죄는 다
른 죄를 부른다.

죄책감은 도덕적 자존감을 저하시키고, 그렇게 되면 보다 쉽게 죄를 짓
게 된다. 어떤 사람이든 그가 자아상과 타협할 때 도덕적 위험에 빠진다.
하나님의 은혜로 주어진 도덕적 자존감은 죄를 대항하는 일차 방어선이다.

용서받지 못한 죄는 사람의 양심을 무감각하게 만들어서 이미 비난받은 일들을 다시 하게 한다. 양심이 그 임무를 감당할 수 없을 만큼 무기력해지면 도덕은 방종해진다.

용서받지 못한 억압된 죄로부터 많은 죄스러운 동기가 생긴다. 폴 투니어(Paul Tournier)는 이렇게 지적하였다: 억압된 죄는 "분노, 반항, 공포, 염려, 양심의 무감각, 잘못을 인식하는 능력의 퇴화, 점증하는 공격적 성향 등으로 인도한다."[1] 그와 같은 죄책감과 죄의 내적 근원이 존재하는 한 일관된 그리스도인의 행동이 불가능하다는 것은 너무나 분명하다.

도덕적 교육은 용서받지 못한 자에게는 적당하지 않다. 롤로 메이(Rollo May)는 죄책감에 사로잡혀 고민하는 환자—친구들로부터 많은 도덕적 충고를 이미 받은 환자—에 대하여 말해 주었다. 그 환자는 친구들이 "물 속에 있는 손발이 묶인 채 물에 빠져 있는 사람에게 수영하라고" 소리치는 것과 같다고 말했다. 하나님의 용서는 죄스러운 과거의 삶에 묶인 끈을 풀어 주고 또 우리를 해방시켜서 그리스도인의 인생을 영위할 수 있게 하신다.

새로운 영적 힘. 하나님의 용서는 새로운 영적 힘이 나타나고 자라는 영적 분위기를 조성한다. 이런 새로운 힘은 그리스도인의 생활에 큰 원동력을 준다. 이런 힘 가운데는 감사하는 태도, 곧 구원받은 것에 대한 감사도 있다. 예수님은 감사가 그리스도인의 생활에서 높은 원동력을 주는 요소라고 말씀하셨다: 많은 빚을 탕감받은 채무자가 적게 탕감받은 사람보다 더 많이 사랑했다(눅 7:40-43).

감사하는 그리스도인은 그의 시간, 재능, 재물에 대해 강한 청지기 의식

---

1 *Guilt and Grace* (London: Hodder and Stoughton, 1962), p. 152.

을 갖는다. 어떤 중년 사업가는 하나님의 용서의 의미를 깨달은 후, "그리스도를 섬길 수밖에 없게 되었다"고 말했다. 저 신비의 수녀 테레사는 "갚을 길 없는 빚진 자"라는 느낌 때문에 그녀의 인생이 변화되었다고 말했다.

그뿐 아니라, 하나님으로부터 고립되었다는 느낌이 성령에 의하여 해결되면 우리의 깊은 필요는 해결된다. 칼 로저스는 개인적 성장의 기본적 조건은 다른 사람으로부터 *인정받는다*는 느낌이라고 말했다. 하나님으로부터 받는 인정보다 더 큰 인정은 있을 수 없다. 그런 인정은 우리에게 종의 태도가 아니라 자녀의 태도를 갖게 해 준다(롬 8:14-17). 우리는 자발적으로 하나님의 뜻을 행하기 시작한다.

루돌프 오토(Rudolf Otto)는 성령이 주시는 자녀 인식이야말로 "기독교의 독특성 내지 진귀성(珍貴性)"이라고 말했다. 그 인식은 하나님과 사람의 진실한 관계를 재정립하고, 부자 관계를 위한 우리의 깊은 필요를 채우고, 그분의 임재에 대한 우리의 갈망을 만족시키며, 우리로 하여금 하나님 아버지께 순종하게 한다.

우리의 동료들로부터 고립되었다는 느낌이 제거되면 우리의 도덕적 성향도 강해진다. 용서받지 못한 죄들은 더 이상 우리를 방어적으로 만들지 못한다; 우리는 더 이상 반작용을 두려워하지 않는다. 우리는 서로에게 소속되어 있다는 깊은 느낌을 갖게 되며, 상호간의 이해와 수용하는 풍토를 조성한다. 우리는 우리에게 범죄한 형제를 용서하며, 또 우리가 잘못했을 때 그들의 용서를 기대한다.

더 나아가서, 용서의 느낌은 우리를 자유하게 하는데, 우리의 과거를 돌아보고, 죄책감과 염려라는 무기력한 증상을 일으키지 않으면서 반성할 수 있을 만큼 자유케 한다. 용서의 느낌은 합리화, 부정, 분노 등을 통하여 우리 자신을 정당화하는 노력에서 우리를 자유하게 한다. 우리는 은혜로 구원받은 자로서 우리 자신을 수용할 수 있으며, 우리의 마음이 우리를 정죄하지 않기 때문에 하나님을 신뢰할 수 있다(요일 3:21).

지도력의 잠재력을 가진 한 신학생이 학교에서 첫 2년 동안 학생과 교수의 "눈에 띄지 않는 가운데" 지냈다. 졸업반이 되자 그는 급격히 변했고 뛰어난 학생 지도자가 되었다. 그는 그 변화가 하나님이 자신을 받아들이셨기 때문에 그도 자신을 받아들여야 한다는 새롭고 강력한 안목을 갖게 된 데서 왔다고 말했다. 그는 신중하지만 겸손한 태도로 자신을 받아들였고, 그 결과 자신을 쓸모 없는 존재로 만들었던 여러 가지 태도와 억압으로부터 자유하게 되었다. 그가 자유하게 된 결과 남을 섬기게 되었다.

중생을 통한 힘

중생을 통하여 성령은 우리에게 그리스도인의 삶을 사는 데 필요한 많은 영적 자원을 부여한다. 성령은 우리를 그리스도 안에서 새로운 피조물로 만드시며, 영적 생활의 장애물을 없애고 우리 안에 새로운 영적 능력을 창조하신다. 우리에게는 하나님의 뜻을 행하고자 하는 새로운 준비, 의에 대한 새로운 사랑, 우리 안에 계신 성령에게서 오는 점증하는 영적 원기가 생기는 것이다.

십팔 세기의 도덕적, 영적 회복은 부분적으로는 중생의 강조에서 기인되었다. 영국과 미국에서 존 웨슬리와 조나단 에드워즈 그리고 다른 여러 사람들이 인간 본성의 뿌리깊은 죄성과 영적 중생의 필요성을 강조했다. 회심자들은 구원을 위하여 그리스도를 신뢰하였고, 많은 사람의 변화는 극적으로 깊고 빨랐다. 웨슬리의 말을 들어보자: "습관적인 술고래가 지금은 모든 것에서 절제한다. 호색한이 지금은 간음을 피한다. 도둑질하던 사람은 더 이상 도둑질을 하지 않고 그의 손으로 일한다. 말 끝마다 저주하고 욕하던 사람이 하나님을 두려워하며 섬길 줄 알게 되었고, 하나님 안에서 경외와 기쁨을 누린다. 전에는 여러 가지 죄의 습관에 사로잡혔던 자들이 지금은 한결같이 거룩한 습관을 갖게 되었다. 이 모든 것은 명백한 사실이다. 나는 그런 사람들의 이름을 말할 수도 있고, 그들의 사는 곳도 말할 수 있다."2)

바울은 중생한 사람을 "새로운 피조물"이라고 했다(고후 5:17). 다른 곳에서 바울은 새로운 탄생을 영적 부활이라고 일컬었다(엡 2:1 이하). 예수님은 중생이란 인간의 분석을 초월하나 그 결과는 관찰할 수 있다고 말씀하셨다(요 3:8); 우리는 거듭난 믿는 자들의 생활이 변화된 것을 볼 수 있다.

감성적-정신적 성향의 갱신. 성령은 믿는 자들의 감성적-정신적 성향, 곧 정서, 태도, 흥미를 변화시킨다. "중생은 성령의 생생한 역사와 지속적 임재에 의하여 한 인간의 전 생애가 근본적으로 재편성되는 것이며, 그 결과 궁극적인 인생의 동기는 예수 그리스도께 대한 충성이다.3)

*정서*는 사물, 개념, 인간에 관한 감성적-정신적 성향의 조직화된 체계이다. 정서는 "지성화된 감정"(intellectualized emotions)과 "감성화된 사고"(emotionalized thoughts)라고 불린다. 고든 얼포트는 이렇게 말했다. "정서는 마음의 어떤 단순한 정적 비품이나, 서로 연관된 생각과 가치라는 단순한 창고가 아니다. 그것은 한 개인의 인생에서 큰 태엽과 같으며, 그 태엽에서 각종의 의도를 뿜어내는데, 물론 그 목적은 정서를 구성하는 가치를 성취하는 것이다."4) 성령은 우리의 정서 안에서 영적 가치에 대한 점증적 사랑을 창조하신다. 세속적인 것들은 지나친 매력을 잃고, 영적인 것들은 보다 매력적이고 절박하게 된다.

2 *Works*, 14 vols. (Grand Rapids: Zondervan, 1958-1959), 8:402.
3 Olin A. Curtis, *The Christian Faith* (New York: Eaton and Mains, 1905), p. 365.
4 *The Individual and His Religion* (New York: Macmillan, 1950), p. 126.

성령은 믿는 자들 안에서 새로운 *태도*를 창조하신다. 태도는 행동하고 자 하는 내적 경향, 행동할 수 있는 준비, 그리고 사람, 사물, 개념에 대해 일정하게 행동하는 기질이다. 스타버크(Edwin D. Starbuck)는 회심자 에게서 일어나는 급진적인 태도 변화에 대하여 무수한 실례를 들었다. 어 떤 회심자는 그의 사회적 관계를 재건하기 시작했다: "나는 오랫동안 미워 하던 사람과 즉각적으로 대화하였습니다." 다른 사람도 말했다, "나는 다 른 사람들을 돕기 시작했습니다." 또 다른 사람도 말했다, "나는 모든 사람 이 나의 친구인 것처럼 느껴졌습니다."5)

성령은 믿는 자들 안에서 새로운 *관심*을 창조하신다. 새로운 정서와 태 도는 새로운 관심을 위한 통합적 중심이 된다. 이런 영적 재조직에서 옛 관심 가운데 어떤 것은 제거되고 새로운 관심이 대신한다(고후 5:17). 회 심자는 죄된 관심에는 "냉담하고, 무감각하고, 장님이지만", 성령의 일에 는 "열려있고, 준비되고, 따뜻하다." 사람의 삶의 질은 그 사람의 관심에 크게 좌우된다. "대저 그 마음의 생각이 어떠하면 그 위인도 그러한즉..." (잠 23:7). 관심은 그 사람의 개인적 목표를 결정하고 습관을 형성하는 데까지 간다. 어떤 사람이 말했다, "사람의 관심을 나에게 알려 주면, 나는 당신에게 그의 성격을 말해 줄 수 있다."

마음의 갱신. 예수님은 제자들에게 말씀하셨다, "천국의 비밀을 아는 것이 너희에게는 허락되었으나..."(마13:11). 그와는 대조적으로 예수님 은 믿지 않는 군중들에 대해서 이렇게 말씀하셨다, "...저희가 보아도 보지 못하며 들어도 듣지 못하며 깨닫지 못함이니라"(마 13: 13). 바울은 우리 가 하나님의 뜻을 알려면, 다시 말해서, 우리가 "선하시고 기뻐하시고 온

---

5 *Psychology of Religion* (New York: Scribners, n.d.), p. 127.

전하신" 뜻이 무엇인지를 알려면, 우리의 마음이 새로워져야 한다고 했다; 그는 이어서 우리의 마음은 오직 하나님의 영으로만 새로워질 수 있다고 했다(롬 12:2). 그리스도인이 영적인 것을 이해할 수 있는 능력은 세상의 지혜를 훨씬 능가한다: "우리가 하나님께로부터 온 영을 받았고 이는 우리로 하여금 하나님께서 우리에게 은혜로 주신 것들을 알게 하려 하심이니라"(고전 2:12). 자연인 내지 불신자는 이런 영적인 진리를 이해하지 못하는데, 그 이유는 그런 것은 그에게 어리석게 보이기 때문이다(고전 2:14). 그리스도인은 "그리스도의 마음을 가지고 있기 때문에" 그런 진리를 이해한다(고전 2:16).

그리스도의 마음은 믿는 자들로 하여금 진정한 양심의 소리를 분별할 수 있도록 돕는데, 그 이유는 키에르케고르가 말한 것처럼, 그것은 "많은 소리 가운데 단순히 하나의 소리가 되기" 때문이다. 그리스도의 마음은 그들로 하여금 "일시적 질서에서, 불안에서, 소음에서, 군중의 압력에서, 대중에서, 도피라는 원시의 숲에서" 무엇이 옳은가를 알도록 돕는다.6)

성령은 우리에게 영적 진리를 명확히 깨달을 수 있도록 해 준다. 이런 깨달음은 필요한데, 우리가 깨닫지 못하는 진리에 반응할 수 없기 때문이다. 우리는 희미하게 깨닫는 것에 머뭇거리며 반응하거나 아예 반응을 하지 않지만, 반면 우리가 분명히 그리고 활력 있게 보는 것에는 강력하게 반응한다. 예수 그리스도에 대한 우리의 반응은 우리가 얼마나 기독교의 진리를 명확하게 보느냐에 달려 있다.

그뿐 아니라, 성령은 의지를 강화해서 옳은 것을 결정하게 하신다. 도트의 법규(Canons of Dort)는 이렇게 진술한다: 성령이 "지금까지 죽었던 의지에 새로운 속성을 불어넣어서, 그는 [지금] 살아난다." 그 법규는 한

---

6 *Purity of Heart Is to Will One Thing* (New York: Harper, 1948), p. 186.

발 더 나아가 이렇게 진술한다: 성령이 전에는 "악하고, 불순종하고, 고집 센" 의지를 "선하고, 순종하고, 부드러운 것으로 만드신다". 성령은 "그것 〔의지〕을 작동시키고 강화시키는데, 그 결과 선한 나무처럼 선한 행동의 열매를 맺게 하신다."

영적 정화(淨化)를 통한 힘

하나님은 성령으로 충만된 믿는 자들의 힘을 증가시키시는데, 영적 정화, 곧 그들의 생각, 의도, 태도, 정서, 관심의 정화를 통해서이다. 성령 충만한 그리스도인은 내적으로 상당한 조화를 갖게 되는데, 이는 성령이 그리스도인의 생활과 관계없고 반대되는 성향으로부터 그를 깨끗하게 하시기 때문이다. 그리스도인은 강한데, 이는 내적 갈등이 적기 때문이다. 하나님의 은혜로 그는 알프레드 테니슨의 갈라하드 경(Alfred Tennyson's Sir Galahad)처럼 이렇게 말할 수 있을 것이다, "나의 힘은 열 사람의 힘인데, 그 이유는 나의 마음이 깨끗하기 때문이다."

영적 정화는 새로운 탄생과 같이 성령의 기적적인 역사이며, 우리는 그것을 완전히 분석하거나 이해할 수 없다. 우리 인생에서 성령의 역사하신 결과는 넓고 깊어서, 우리 삶의 모든 부분으로 퍼지고 또 우리의 마음 깊은 곳까지 미친다. 성령의 임재는 사람의 마음에서 정화의 역사를 하는데, 우리 인생의 과거와 현재까지 미친다.

영적 정화는 사도들의 삶에서도 중요했다. 오순절 이전, 베드로는 마음을 다하여 예수님을 사랑한다고 단언할 수 없었다(요 21:15- 19). 오순절 이후, 그는 그리스도를 너무나 깊이 사랑해서 주님을 위해 고난을 받았고 마침내는 죽었다. 오순절 이전, 요한은 사람들에 대하여 이중적인 사랑을 가지고 있었으며, 한 번은 하늘로부터 불이 내려와 그들을 영접하지 않은 사마리아인들을 불살라 달라고 간구했다(눅 9:51-56); 그러나 오순절 이후, 그는 사마리아인들에게도 사역하면서, 그들도 유대인들과 같은 영적 특권을 갖게 해 달라고 기도하였으며, 결국 그는 "사랑의 사도"가 되었다. 베드로는 오순절 날 제자들의 마음에 충만하게 임하신 성령은 그들의 마음을 "깨끗이" 하셨다고 말했다(행 15:9).

기억의 정화. 성령은 믿는 자들의 기억을 정화시키면서, 과거의 영적 실패와 죄책감의 오염을 씻어버리신다. 이런 성령의 역사는 그리스도인의 생애에서 기본이다. 우리의 과거 생활을 청산하는 것보다 더 시급한 것은 없다.

기억은 생각, 감정적 경험, 포부, 좌절감 등의 저장소이다. 이런 심리적 내용은 대부분 역동적이며, 따라서 그것은 현재 우리의 반응을 크게 결정한다. 기억의 창고는 소원, 기질, 성향 등을 일으킨다. 헨리 버그슨 (Henry Bergson)은 이렇게 말한 적이 있다, "우리는 우리의 과거를 아주 작은 부분으로 생각하지만, 실제로는 우리의 모든 과거가 '우리로 하여금 갈망하고, 의도하고 행동하게' 한다."

성령은 모든 그리스도인의 과거 속으로 파고 들어가서 기억을 정화시키어, 그리스도인의 인생에서 그 기억을 긍정적인 힘으로 만드신다. 성령은 우리의 죄된 과거에 대한 향수를 느끼지 않게 하신다. 탕자처럼, 우리는 하나님께 우리를 받아 주신 사실에 너무 감사한 나머지 우리는 죄로 찌든 빈곤의 상태로 돌아가기를 원치 않는다. 성령은 우리의 기억에서 하나님께 대한 적대감을 없애고, 하나님 아버지의 뜻을 행하고자 하는 깊은 욕구를 우리에게 주신다. 성령은 우리의 죄된 과거에서 비롯된 죄책감으로 점철된 두려움으로부터 우리를 씻어 주시며, 우리는 하나님께 영접되었다고 느끼면서 그분께 바쳐진 마음으로 섬기게 된다―물론 영원한 심판을 피하려고 섬기지는 않는다.

영적 이중성으로부터의 정화. 성령은 헌신되고 신뢰하는 그리스도인들을 영적 이중성으로부터 정화시켜 주시는데, 그 이중성은 세상의 사랑과 혼합된 하나님의 사랑, 그리스도인의 정서와 행동의 불균형, 기독교의 어떤 진리는 사랑하나 다른 진리는 싫어하는 양면성, 하나님이 원하시는 것과 원하시지 않는 것을 다 하고 싶은 마음, 그리스도의 진정한 추종자가 되기보다는 "그분을 입술로만 찬양하는 자"가 되고자 하는 소원 등이다. 인간의 본성을 *이중성*이라는 단어보다 더 잘 묘사할 수 있는 것은 없을 것이다.

성령은 이중적인 그리스도인의 마음을 거룩한 사랑의 은혜스러운 유입(流入)으로 깨끗하게 하신다: "우리에게 주신 성령으로 말미암아 하나님의 사랑이 우리 마음에 부은바 됨이니"(롬 5:5). 하나님이 우리 마음에 임재하시면 우리는 하나님과 다른 사람들과 영적인 것들을 깊이 그리고 순수하게 사랑하게 된다. 이런 사랑은 모순적인 사랑을 쫓아버린다.

토마스 찰머스(Thomas Chalmers)는 "새로운 애정의 배제적(排除的) 능력"을 강조하였다. 그리스도와 거룩한 것들에 대한 사랑은 죄된 것들에 대한 사랑을 몰아낸다. 이 진리는 너무나 분명한데, 그 이유는 우리의 삶과 다른 이들의 삶에서 그런 사랑을 볼 수 있기 때문이다. 사랑은 그리스도인의 삶에서 가장 큰 화합력인데, 왜냐하면 "사랑은 온전하게 매는 띠"이기 때문이다(골 3:14).

우리 마음 속에 있는 하나님의 사랑은 의로운 삶을 양산(量産)하며 이중적인 경향을 몰아낸다. 어거스틴은 이렇게 말했다. "사랑이 싹트는 곳에 의가 싹트고; 자비가 꽃피는 곳에 의가 꽃피고; 사랑의 충만은 의의 충만이다."7)

---

7 James Walsh, *Spirituality through the Centuries* (New York: Kenedy, n.d.), p. 16.

영적 정화는 여러 면을 가지고 있다. 토마스 아 켐피스와 제레미 테일러는 주로 합리적 요소를 보고 "의도의 순수성"을 강조하였다. 키에르케고르는 주로 의지적인 요소를 보고 말했다, "마음의 순수성은 하나를 뜻하는 것이다." 웨슬리는 주로 감정적인 요소를 보고 "완전한 사랑"을 강조하였다.

이들 셋은 영적 정화의 중요한 차원이며, 모두 성령 충만한 그리스도인들을 강하게 해 준다. 마음의 순수성은 단편적인 것이 아니다; 그것은 신뢰하는 그리스도인들에게 일시적인 것도 아니다; 그것은 좁거나 얕은 것도 아니다. 그것은 오히려 넓고 깊어서, 온전히 헌신된 그리스도인의 전 인격에 미치어, 그로 하여금 하나님의 뜻을 수행할 수 있는 힘을 준다.

성령님의 임재를 통한 힘

에스겔은 기독교의 시대를 바라보면서 하나님의 약속을 받았다, "또 내 신을 너희 속에 두어 너희로 내 율례를 행하게 하리니 너희가 내 규례를 지켜 행할지라"(겔 36:27).

예수님은 죽기 전날 저녁, 앞으로 오실 성령이 예수님의 역할—돕고 힘을 주시는 역할—을 믿는 자들에게 하실 것을 말씀하셨다(요 14:16). 성경의 번역자들은 이 구절에서 *보혜사*라는 단어를 사용하였는데, 그 단어는 당시 힘이라는 개념과 밀접하게 관련되어 있었다. 존 위클리프(John Wycliffe)는 *힘주시는 자*라는 단어를 사용하였다.

예수님이 승천 직전에 하신 마지막 말씀은 믿는 자들의 삶에 나타날 성령의 능력에 대해서였다: "오직 성령이 너희에게 임하시면, 너희가 권능을 받고, 예루살렘과 온 유대와 사마리아와 땅 끝까지 이르러 내 증인이 되리라"(행 1:8).

바울의 가르침에서 강조된 중심 주제는 성령이 그리스도인들의 도덕적 능력을 새로운 수준으로 올리신다는 것이다. 러퍼스 존스(Rufus Jones)

는 이렇게 말했다, "이것은 오순절에서처럼 성령이 개인의 영혼을 '침투'하심으로 일어날 때도 있고, 영혼이 모든 장애물을 뚫고 성령에게 나아올 때 일어날 때도 있다." 도트의 법규에 의하면, 인간의 마음에서 일어나는 성령의 역사는 "매우 힘있고, 동시에 매우 즐거우며, 놀랍고, 신비로우며, 형언할 수 없는 것"이다. 성령의 임재는 "인간의 모든 능력의 증대, 인간의 비전과 판단의 명료(明瞭), 인간적 의지의 강화, 잠재된 그리고 생각지도 않은 인내의 가능성의 발견을 의미한다."8)

그리스도인에게 성령의 임재는 *윤리적 영성*, 곧 의가 융성하는 따뜻한 기독교적인 환경을 제공한다. 이런 환경에서, 성령은 우리 자신의 능력을 뛰어넘는 인생의 활력과 건강을 주신다.

성령은 관능적인 세계와 우리 자신의 인간성으로 인하여 공상을 통하여 우리가 길을 잃을 때 우리를 도우신다. 테레사 수녀는 공상이 우리를 죄악으로 인도하는 "바보의 집"이라고 말했다. 바울은 "...하나님의 평강이 그리스도 예수 안에서 너희 마음과 생각을 지키시리라"고 말하며(빌 4:7), 성령은 우리로 하여금 경건한 생각을 하도록 도우신다고 말했다(빌 4:8). 레오나르도 다빈치가 말한 것처럼, "지적 열정은 관능을 몰아낸다."

성령은 육체적으로 쇠약할 때에 힘을 주신다. 바울은 하나님의 은혜로 힘을 얻어 "육체의 가시"를 이겨냈다. 바울은 그 고통으로부터 구원을 위해 기도했지만, 부활하신 주님은 이렇게 말씀하셨다, "내 은혜가 네게 족하도다. 이는 내 능력이 약한 데서 온전하여짐이라"(고후 12:9). 바울은 그의 상황에 만족하며 "...이는 내가 약할 그 때에 곧 강함이니라"(고후 12:10)고 고백하였다. 여기에 중요한 기독교의 원리가 있다: 인간의 연약 때문에 도움을 얻기 위해 우리가 그리스도를 신뢰하게 되면, 하나님의 힘을 앞서

---

8 Henry Wheeler Robinson, *The Christian Experience of the Holy Spirit* (London: Bisbet, 1928), p. 41.

서 얻게 된다.

결   론

바울은 로마서 7장 7절부터 25절에서 사람이 승리의 삶을 위하여 성령의 도우심을 필요로 한다는 강력한 그림을 제시한다—비록 바울이 여기에서 성령을 언급하지는 않았지만 말이다. 사도 바울은 우리 자신의 힘으로 도덕율을 준수하지 못하는 우리의 실패에 대해서 언급하고 있다. 우리는 "선을 행하기를 원하지만" 할 수 없다; 오히려 우리는 원치 아니하는 바 악을 행한다(롬 7:18-19).

로마서 8장에서는 장면이 바뀌면서 성령이 적어도 20번 정도 언급된다. 인간의 도덕적 실패는 성령 안에서 승리의 생활로 바뀐다. "육신을 좇지 않고 영을 좇아 행하는 율법의 요구"는 우리 안에서 이루어진다(롬 8:4).

성령의 도우심에 대해서는 달리 선택의 여지가 없다. 인간의 재주로는 만족할 만한 대체물을 찾을 수 없다. 도덕적 교육과 훈련도 대체물이 되지 못하는데, 그것들은 인간의 사악을 적절히 다루지 못하기 때문이다.

성령의 역사는 헌신된 신자들의 생활 가운데서 넓고 깊다. 성령은 죄로 점철된 과거라는 무거운 짐에서 우리를 해방시켜 주시고 우리의 마음을 급진적으로 변화시키신다. 성령은 우리의 죄된 소원들을 씻어 주시고 우리에게 힘을 부여하사 그리스도 안에서 승리롭게 살게 하신다.

토의를 위한 질문

1. 거룩한 용서의 느낌은 "지속적인 선행에 아주 강력한 자극제인가?" 왜 그런가?
2. 왜 사람들은 저주하고 하나님을 모독하는가? 하나님에 대한 적개심이 이유인가?
3. 하나님의 자녀라는 인식은 그리스도인의 생활에 얼마나 중요한가? 당신은 이것이 "기독교의 유일성, 곧 진귀성"이라는 표현에 동의하는가?
4. 당신은 갑작스러운 회심을 믿는가? 점차적인 회심을 믿는가? 아니면 둘 다 믿는가?
5. 우리의 정서는 그리스도인의 삶에 얼마나 중요한가? 태도는 얼마나 중요한가? 관심은 얼마나 중요한가?
6. 당신은 기억이 강력한 "과거의 충동"을 포함한다고 믿는가? 용서받지 못한 죄가 정말 더 많은 죄악의 모판이 되는가?
7. 성경이나 기독교 서적이나 아니면 당신의 생애에서 영적 이중성의 예를 말해 보라. 영적 이중성이 대부분의 그리스도인들의 갈등하는 근거인가?
8. "허물과 죄로 죽었던"이란 바울의 표현은 무엇을 뜻하는가?
9. 우리 자신의 삶에서 성령의 힘을 경험하기 위한 우리의 역할은 무엇인가?

『도서출판 세복』의 발간 도서

나는 어떻게 예수님을 만났는가?
홍성철 편집 / 신국판 / 328쪽 / 7,000원

각계 각층에서 그리스도의 향기를 진하게 풍기고 있는 21명의 신앙 고백을 담은 책으로, 예수님을 만나 어떻게 갈등과 어려움을 극복하고 진정한 신앙에 이르렀는지 고백한다. 또한 각자의 분야에서 어떻게 살아가고 있는지를 말해 준다. 우리는 이 책을 통하여 인생의 의미를 다시 한 번 깊이 조명해 보는 계기가 될 것이다.

회심 거듭남의 원리와 적용
홍성철 편집 / 신국판 / 224쪽 / 6,000원

기독교에서 가장 핵심적 교리인 "회심"의 문제점을 세 측면 곧 1)신학적, 2)경험적, 3)적용적으로 다루었다. 특히 이 분야의 권위자들이 다룬 총 9편의 글은 "회심"에 관심이 있는 기독인에게 새롭고도 깊은 안목을 제시할 것이다.

타문화권 복음 전달의 원리와 적용
존 T. 시먼즈 지음 / 홍성철 옮김 / 신국판 / 352쪽 / 7,000원

인도와 애스베리신학교에서 오랫동안 선교 사역과 교수를 역임한 존 T. 시먼즈 박사의 명저이다. 이 책은 복음과 타종교와의 관계를 다루면서도 복음 전달의 원리와 방법을 깊게 다루어 복음 전달의 이론적 길잡이가 될 것이다.

복음주의 실천신학개론
복음주의 실천신학회 편 / 신국판(양장본) / 430쪽 / 13,000원

한국복음주의신학회 산하 실천신학 분과 학회에서는 국내에 복음주의 입장에서 발간된 실천신학 개론서가 필요함을 인식하고, 학회 산하 대학교의 실천신학 전공 분야에 11명의 필자를 선정하여 복음주의 신학에 기초한 개론서를 출판하게 되었다. 이 책은 한국 교회의 목회자와 기독인들에게 신학의 복음주의적인 안목을 갖게 함으로 목회 현장을 더욱 풍요롭게 하는 지침서가 될 것이다.

고난 중에도 기뻐하라 (빌립보서 강해 설교)
홍성철 지음 / 신국판 / 506쪽 / 10,000원

감옥이라는 어두운 정황 속에서 밝은 기쁨을 만끽한 바울 사도는 고난 중에도 기뻐할 수 있는 비결을 빌립보서에서 명쾌하게 제시하고 있다. 서울신학대학교 실천신학 교수인 홍성철 박사가 성경적으로 파헤치고 목회적으로 제시한 41편의 설교는 강해 설교의 또 다른 이정표(里程標)가 될 것이다.

우리에게 일용할 양식을 주소서 (주기도문 강해 설교)
홍성철 지음 / 신국판 / 228쪽 / 6,000원

IMF라는 어려운 상황에서 주기도문에 나타난 "하나님의 영광"과 "우리의 필요"를 깊이 조명함으로, 신앙의 성경적 회복과 위기 관리의 원리를 독자는 터득하고 적용하게 될 것이다. 서울신학대학교 교수인 홍성철 박사가 설교한 17편의 설교는 본문과 상황의 적절한 조화를 보여 줄 것이다.

성령님, 나를 변화시켜 주세요--그리고 사용하여 주세요
커리 매비스 지음 / 홍성철 옮김 / 신국판 / 180쪽 / 5,500원

본서는 그리스도인이 시달리고 있는 분노, 죄의식, 염려와 같은 감정의 문제들이 어떻게 성령님의 역사로 변화될 수 있는가를 설명한다. 그리고 저자는 그리스도인이 어떻게 성령님의 도우심으로 꾸준하게 성장할 수 있으며, 그 결과 주님에 의하여 귀하게 쓰임받을 수 있는가를 차례로 설명하고 있다.

성령의 충만을 받으라
존 T. 시먼즈 지음 / 홍성철 옮김 / 신국판 / 152쪽 / 4,000원

성령의 충만과 능력을 갈구하는 모든 기독인에게 그 방법을 단계적으로 제시한 명저이다. 성경에 근거하면서도 신학적으로 그리고 경험적으로 잘 정립하여 읽기 쉽고 알기 쉽게 기록된 이 저술은 성령 충만을 체험하며 또 그 체험을 다른 기독인에게 제시하기를 원하는 모든 기독인의 필독서이다.

성령과 동행하라
스티븐 하퍼 지음 / 홍성철 옮김 / 신국판 / 224쪽 / 5,500원

기독교 영성의 대가인 스티븐 하퍼 박사는 기독교 영성이 무엇이며, 또 어떻게 그 영성을 체험하고 유지할 수 있는지에 대하여 단계적으로 그리고 알기 쉽게 알려 주고 있다. 이 저서는 깊은 영성에 관심을 가진 기독인들에게 좋은 길잡이가 될 것이다.

성결의 아름다움
베인즈 에트킨슨 지음 / 홍성국 옮김 / 신국판 / 184쪽 / 5,500원

이 책을 접하는 독자들은 성결이라는 성경적 진리의 핵심에 직면하게 될 것이다. 그리고 마음의 감동과 함께 성결에 대하여 깊이 생각하기 시작할 것이다. 마침내 각자를 향해 성결해야 한다는 하나님의 부르심과 믿음으로 지금 그것이 자신의 체험이 될 수 있다는 놀라운 약속과 접하게 될 것이다.

위대한 그리스도인들은 어떻게 성령의 충만을 받았는가
제임스 로슨 지음 / 홍성철 옮김 / 신국판 / 298쪽 / 7,000원

역사상 위대한 그리스도인들은 성령의 충만을 받았다는 하나의 공통점이 있다. 여기에 하나님의 장중에 사로잡혀 위대하게 살았던 20명의 감동적인 체험담이 있다. 이 책은 "성령으로 충만된" 사람들의 개인 회고담이며, 동시에 그런 경험으로 어떻게 그들의 삶과 사역이 부요하게 되었는지를 생생하게 보여 준다.

성령 안에서 설교하라
데니스 F. 킨로 지음 / 홍성철 옮김 / 신국판 / 176쪽 / 4,500원

브랜다이스대학교에서 구약학(Ph.D.)을 전공하고 애스베리신학교에서 교수와 총장을 역임한 데니스 킨로 박사는 방법과 기교를 강조하는 현대 설교에서 성령의 임재를 다시 회복할 수 있는 설교의 원리와 방법을 분명하게 제시한다.

잃어버린 퍼스낼리티를 찾아서
최병전 지음 / 신국판 / 206쪽 / 5,000원

우리의 구원은 완성되었지만 인격은 아직 미완성이다. 구원은 받았지만 인격의 상처는 당신과 가정을 무너뜨리고, 교회에 문제를 일으키며, 또 사회를 황폐하게 한다. 이 저서는 이러한 문제를 진단하고 또 성경적으로 해결의 실마리를 제시하는 저서이다.

상처난 아버지와의 관계 회복
제임스 L. 쉘러 지음 / 이기승 옮김 / 신국판 / 272쪽 / 7,000원

아버지의 권위가 상실되어 가는 이 시대에, 이 책을 통해 당신은 당신의 인생에 있어서 풀리지 않는 아버지와의 문제들이 무엇인지 제대로 알고 그것들을 어떻게 다루어야 할지 배우게 될 것이다. 무엇보다도 당신의 내면 가장 깊은 곳의 정신적 필요를 채워 주시겠다고 약속하신 하나님 아버지를 깊이 만나게 될 것이다.

영혼을 돌보는 목자
캐롤 와이즈, 존 힝클 지음 / 이기승 옮김 / 신국판 / 248쪽 / 6,500원

방향 감각을 잃고 영적으로 허우적거리는, 그러나 어마어마한 잠재력을 가지고 있는 영혼들을 돌보고 성숙시키는 일만큼 귀한 사역은 없을 것이다. 이 저서는 이런 사역을 감당하고자 하는 목사, 전도사, 평신도 지도자, 구역장 등에게 그 내용과 방법을 제시한 알찬 길잡이 노릇을 할 것이다.

현대인을 위한 존 웨슬리의 메시지
스티븐 하퍼 지음 / 김석천 옮김 / 신국판 / 168쪽 / 5,000원

부정과 부패로 곪을 대로 곪은 18세기의 영국을 변화시킨 존 웨슬리의 가르침은, 미국의 석학이자 영성의 대가인 스티븐 하퍼의 재해석을 통하여, 무기력과 어두움이 짙게 깔려 있는 현대의 한국 기독인들에게 다시 한 번 빛과 방향을 제시할 귀중한 저서이다.

수잔나 존 웨슬리의 어머니
아놀드 댈리모어 지음 / 김석천 옮김 / 신국판 / 230쪽 / 6,000원

존과 찰스 웨슬리는 어머니 수잔나의 실천적 경건의 모범, 자녀 교육과 양육의 영향을 받았다. 이 책은 고난과 어려움을 인내와 신앙으로 이겨냈던 한 여성에 관한 이야기이며, 지성적이고 영적인 풍성한 유산을 자녀들에게 물려 준 한 어머니에 관한 이야기이다.

『도서출판 세복』은 빌리 그래험 센터에서 출판한 기독교 고전 시리즈(전 16권)를 번역하여 출판하게 되었는데, 이 고전이 주는 영적 가르침은 시간을 초월하여 모든 독자에게 참된 경건과 거룩을 알려줄 것이다. 이 고전은 경건한 성자들의 글을 축소한 소책자로 그들의 삶과 사역은 우리로 하여금 예수 그리스도와 더 깊이 동행하게 도와주며, 그 결과 복음을 꼭 필요로 하는 이 세상에 그리스도를 전하도록 도전할 것이다.

기독교 고전 시리즈 (1-16권, 권당 1,500원)

1. 왜 하나님은 무디를 사용하셨는가
R. A. 토레이 지음 / 홍성철 옮김

독자는 세계에서 가장 저명한 전도자 중 한 사람인 드와이트 무디의 생애를 통하여 감동을 받아 마음이 뜨거워질 것이다.

2. 보다 깊은 삶
로버트 머레이 맥체인 지음 / 구교환 옮김

독자는 로버트 머레이 맥체인의 그리스도를 높이는 생활, 편지 및 사역에 대하여 읽으면서 강권하시는 그리스도의 사랑에 감동받을 것이며, 하나님을 더욱 사랑하게 될 것이다.

3. 하나님의 임재를 연습하라
로렌스 형제 지음 / 이소연 옮김

독자는 로렌스 형제가 하나님 앞에서 소박하게, 겸손하게, 믿음으로 그리고 사랑으로 행한 것처럼 행하는 비결을 배우며, 하나님의 임재의 기쁨을 경험하게 될 것이다.

4. 성결
J. C. 라일 지음 / 서대인 옮김

100여 년 전에 저술된 이 저서를 통하여 라일 감독은 우리를 둘러싸고 있는 세상에서 성별된 삶을 영위하라는 타당한 요구를 오늘도 우리에게 하며, 독자는 성결한 삶을 추구하게 될 것이다.

5. 예수님을 위하여 선하게 증거하자
존 왓슨 지음 / 이대규 옮김

담겨져 있는 감동적인 스코틀랜드의 이야기들은 독자의 사역을 그리스도와 그분의 구속적 은총에 초점을 맞추게 하며, 독자로 하여금 복음의 핵심을 선포하게 할 것이다.

6. 공격적인 기독교
캐더린 부스 지음 / 염동팔 옮김
독자는 구세군의 공동 창시자인 캐더린 부스의 그리스도에 대한 헌신과 그리스도의 복음을 다른 사람들에게 전하고자 하는 열정을 읽으며 감동을 받을 것이다.

7. 구령자를 위한 권면
호레시우스 보너 지음 / 최석원 옮김
호레시우스 보너는 독자에게 답답한 무기력을 떠나서 하나님의 능력을 드러내는 활력 있는 삶으로 돌아오고 사역을 부흥시키라고 호소한다.

8. 불타는 사랑
블레즈 빠스칼 지음 / 곽춘희 옮김
독자는 세계적으로 갈채를 받은 과학자, 발명가, 심리학자, 철학자, 기독교 변증가인 블레즈 빠스칼의 글을 통하여 영감을 얻으며, 더욱 더 헌신하게 될 것이다.

9. 행동하는 믿음
조지 뮬러 지음 / 송철웅 옮김
믿음과 응답된 기도로 특징지어진 조지 뮬러의 삶은 독자를 도전하며 격려할 것이다.

10. 하늘가는 마부
존 번연 지음 / 문정일 옮김
독자는 천국을 향하여 가는 순례자로서 존 번연의 글을 통하여 독자의 순례의 길을 바로 정할 수 있을 것이며, 영원토록 변치 않는 구원의 복음을 깊이 생각하게 될 것이다.

11. 성도다운 학자의 결단
조나단 에드워즈 지음 / 홍순우 옮김
독자는 미국의 지성과 신앙을 형성한 위대한 신앙인 조나단 에드워즈를 음미하면서 영적으로 감동을 받으며, 더 깊은 경건 생활을 하게 될 것이다.

12. 설교자와 기도
E. M. 바운즈 지음 / 이혜숙 옮김
독자는 E. M. 바운즈의 높은 기도관을 읽으면서, 그리고 기도로 하나님으로부터 능력을 얻어야 한다는 간청을 들으면서, 기도 생활의 변화를 경험하게 될 것이다.

13. 성도의 영원한 안식
리차드 백스터 지음 / 이기승 옮김

하늘에 시민권을 둔 독자는 지상에서는 나그네이지만, 리차드 백스터의 책을 통해 현재의 삶 속에서 천국의 삶을 영위하지 못한 것을 책망받으며 새로운 변화를 향한 도전을 받을 것이다.

14. 부흥의 법칙
제임스 번스 지음 / 문정선 옮김

부흥의 필요성과 긴박성이 무르익은 오늘에 제임스 번스는 하나님의 부흥의 법칙들을 예리하게 제시하며, 독자도 지금 부흥을 체험하기를 갈망하도록 도전한다.

15. 성경적 구원의 길
존 웨슬리 지음 / 박홍운 옮김

영국과 미국의 많은 영혼을 주님께로 돌아오게 한 존 웨슬리의 설교들을 통해 독자는 회개, 믿음 및 성결을 명확히 깨닫고, 믿는 자에게 구원을 주시는 복음의 능력을 전할 수 있을 것이다.

16. 친구여 들어보지 않겠소?
찰스 스펄전 지음 / 홍성철 옮김

독자가 기독교에 저항적이며 믿기를 주저하는 사람들에게 복음을 전할 때, 어떠한 상황에서도 그리스도만을 의지하여 복음을 전하라고 찰스 스펄전은 도전한다.